中国数字创意产业竞争力形成机理与评价研究

ZHONGGUO SHUZI CHUANGYI CHANYE
JINGZHENGLI XINGCHENG JILI
YU PINGJIA YANJIU

龚余辉 _____ 著

U0368072

化学工业出版社

·北京·

内容简介

本书介绍了我国数字创意产业竞争力的背景、核心概念及理论溯源。对典型国家和地区的数字创意产业进行比较分析，总结借鉴经验，并对我国数字创意产业进行归纳整理，分析其存在的问题和发展趋势。从基础因素、核心因素、环境因素三个角度推导出数字创意产业综合竞争力的"三力"模型。借助因子分析、结构方程模型等计量工具、方法，全面分析了数字创意产业企业的竞争力，探讨了生产性和消费性数字创意产业的异质性特征。通过产业细化分类构建面板模型，对我国数字创意产业核心影响因素和形成机理进行实证检验。最后从生产要素配置、科技资源共享、产学研协同、数字创意产业人才培养等方面提出了针对性的思考。

本书适合对艺术与经济交叉领域感兴趣的读者阅读，还适合学术研究人员、教育工作者、政策制定者及相关行业从业者使用。

图书在版编目（CIP）数据

中国数字创意产业竞争力形成机理与评价研究/龚余辉著. —北京：化学工业出版社，2023.11
ISBN 978-7-122-44085-3

Ⅰ．①中… Ⅱ．①龚… Ⅲ．①数字技术-应用-文化产业-产业竞争-研究-中国 Ⅳ．①G124-39

中国国家版本馆CIP数据核字（2023）第163316号

责任编辑：李彦玲　　　　　　　　　　文字编辑：谢晓馨　刘　璐
责任校对：边　涛　　　　　　　　　　装帧设计：王晓宇

出版发行：化学工业出版社（北京市东城区青年湖南街13号　邮政编码100011）
印　　装：北京虎彩文化传播有限公司
710mm×1000mm　1/16　印张8½　字数150千字　2023年11月北京第1版第1次印刷

购书咨询：010-64518888　　　　　　　售后服务：010-64518899
网　　址：http://www.cip.com.cn
凡购买本书，如有缺损质量问题，本社销售中心负责调换。

定　　价：55.00元　　　　　　　　　　　　　版权所有　违者必究

序

    党的二十大报告在说到"繁荣发展文化事业和文化产业"时提出，要"实施重大文化产业项目带动战略"。如何理解"重大"、阐释"带动"，是领会这一战略的关键。数字创意产业无疑是国家战略性新兴产业体系的重要组成部分，是数字经济时代背景下现代信息技术与文化产业深度融合形成的新兴经济形态，延伸出各种重大文化产业项目。其高速发展不仅有力地带动了传统产业的转型升级，更能促进上下游产业、周边产业的交互赋能，形成创意产业链，提升产业势能。数字创意产业代表新一轮科技革命和产业升级的方向，助推科技创新与传统产业的有机深度融合，是主导未来产业国际竞争新优势的新领域。

    美国、日本、韩国等国家都高度重视数字产业的发展问题，通过制定高规格产业战略、实施积极的产业政策等措施，加快数字创意产业的发展并取得显著成效。与传统产业领域巨大的国内外价值落差相比较，中国数字创意产业的起步较早、发展较快，与发达国家差距相对较小，进而成为我国逐步破除"产业低端锁定"的重要突破口。但无论是数字创意产业的理论研究还是实践探索，都存在着许多关键缺失，如数字创意产业的产业成长机理是什么，影响产业发展的关键影响因素有哪些，我国数字创意产业的真实竞争力究竟如何，等等。基于此，本书力图将我国数字创意产业的竞争力评价作为切入点，在国内外数字创意产业发展比对的基础上，研究探讨其产业竞争力的形成机理、区域水平差距、细分行业差异及关键影响因素，并提出具有针对性的策略和建议。这不仅是对既有产业应用研究体系的丰富和完善，同时对于推动我国数字创意产业从跟跑到并跑最终实现领跑，具有较为重要的实践价值和意义。

《中国数字创意产业竞争力形成机理与评价研究》基于产业竞争力的评估与培育，来研究我国数字创意产业竞争力的升级路径，剖析数字创意产业竞争力和经济增长的影响关系，有益地丰富了新兴产业的产业经济学研究，对数字创意产业的发展具有十分重要的理论价值。本书内容是集经济学、管理学、设计学等多学科融合交叉的学术研究著作，是多学科交叉研究的一次重要尝试，在一定程度上填补了三学科交叉研究该领域的空白，也将是数字创意产业相关领域研究的重要基础。

2023 年 1 月 18 日

［吴巧生：中国地质大学（武汉）经济管理学院二级教授、博士生导师，应用经济学学科领军人才。主持国家社科基金重大项目"中国战略性三稀矿产资源供给风险治理机制研究"等多项国家级课题。］

《中国数字创意产业竞争力形成机理与评价研究》一书是基于对典型国家和地区数字创意产业现实状态的静态比较，从政策扶持、法治保障、市场运作和人才培养等方面总结了典型国家和地区可借鉴参考的经验做法。对我国文化创意、网络游戏、数字创意装备、创意设计等细分行业和周边行业的发展现状进行了归纳整理，总结其产业发展存在的现实问题和可能趋势。主要内容包括机理探索和竞争力评价部分，也是本书的核心部分之一。

本书以产业发展的一般性认知出发，分析了影响数字创意产业的主要因素与其产业竞争力形成之间的关系。首先，介绍核心问题提出的研究背景及研究意义，系统梳理相关领域的国内外相关研究，剖析相关概念及理论基础。然后，根据国内外数字创意产业的发展现状、问题及趋势特点，分别从我国数字创意产业的生产竞争力、市场竞争力、创新竞争力三个维度，构建出符合我国国情的评价数字创意产业竞争力的"三力"模型，对我国数字创意产业竞争力进行实证研究；研究论证了基础因素、核心因素和环境因素各个子变量对于数字创意产业竞争力的促进或抑制作用。同时为了确保基本回归结果的稳健性，将样本按区域和门类两个角度分别划分为东部、中部和西部三类子样本，以及消费性数字创意产业、生产性数字创意产业两类子样本分别进行回归，揭示和解释其显著性差异，剖析成因。最后，基于模型的总体竞争力的评价结果及相关影响因素分析，从要素升级、战略规划、策略执行、政策保障四个方面提出提升我国数字创意产业竞争力的相关政策建议。

本书是集经济学、管理学、设计学等多学科融合交叉的学术研究著作，在撰写过程中，得到中国地质大学博士生导师余瑞祥教授、吴巧生教授的多次指导，同时武汉理工大学余谦教授、牟仁艳教授、石丹副教授等给予了大量的修改建议，在此一并致以衷心的感谢！

龚余辉

2023 年 2 月

目录
CONTENTS

引　言

一、研究背景

　　数字经济时代背景下，以数字创意为核心的文化软实力成为全球竞争战略重点，通过发展数字创意产业促进经济增长方式的转变已经成为发达国家和地区普遍采取的重要战略举措。梳理数字创意产业的国家政策可以发现，我国数字创意产业的战略地位在 2009 年就开始逐步确立（孟宇，2017）。2009 年 9 月，国务院常务会议讨论并通过了《文化产业振兴规划》，该文件明确提出数字内容产业是新兴文化业态发展的重点。2010 年出台的《国务院关于加快培育和发展战略性新兴产业的决定》进一步确立了数字创意产业的战略地位，该文件指出大力发展数字虚拟技术，旨在促进文化创意产业发展。2011 年出台的《中华人民共和国国民经济和社会发展第十二个五年规划纲要》指出大力发展文化创意等重点文化产业，调整文化产业结构。2012 年出台的《国家文化科技创新工程纲要》指出采用数字技术、网络技术来改造传统文化产业和催生新的文化形态与业态。2014 年，《国务院关于推进文化创意和设计服务与相关产业融合发展的若干意见》提出重点加快推进发展数字内容产业，加强科技与文化的融合。2016 年 12 月 19 日，国务院印发的《"十三五"国家战略性新兴产业发展规划》正式将数字创意产业与新一代生物、信息技术、高端制造、绿色低碳产业并列为五大支柱性产业，这标志了数字创意产业正式归入国家战略性新兴产业发展规划。随着科技和文化的深度融合，发展数字创意产业的重要性和战略性地位愈发凸显。

　　数字创意产业作为战略性新兴产业之一，是数字技术与创意内容相互融合的新兴产业形态，即运用数字技术，以创意内容业和创意制造业为核心，进行创造、制作、销售和服务，引领新供给、新消费，以经济价值和文化影响为输出的新型业态。21 世纪以来，移动互联网和数字技术的蓬勃发展是数字创意产业爆发式增长的直接动因，大数据、云计算、虚拟现实和物联网等新一代科技变更促使数字创意产业不断提升。一方面，一批数字文化行业出现快速爆炸性发展，2015 年到2019 年间，数字产品（数字音乐、数字博物馆、数字视频、动漫）和网络文学、网络直播等的年均增长率已超过 20%。另一方面，在当前消费需求升级和创新发展迅速的背景下，数字创意产业高速发展，云计算、大数据、三维（3D）打印技术、虚拟现实技术 / 增强现实技术（VR/AR）、传感器、人工智能等产品种类越来越多，有力地推动了传统文化产业和制造业的转型升级，提升了创意内容业和创意制造业的软硬件实力。传统文化产业和制造业的深度融合不仅拓展了周边产业领域的发展，还推动了产业间的融合和渗透，形成了新的内容、业态和运营模式。在传统的生产力与生产关系中注入数字技术和文化创意元素，缔造出新产品和新业态，这无疑将大力提升产业国际竞争力并促进传统产业转型升级。

数字创意产业代表新一轮科技革命和产业升级的方向，助推科技创新与传统产业的有机深度融合，是主导未来产业国际竞争新优势的新领域。目前，数字创意产业已经成为生态文明背景下促进中国经济可持续发展的新动力，并持续为转变经济发展方式、促进消费增长、引领社会风尚提供有力支撑和有效供给。当前，我国经济正向高质量发展转型，人民对生活品质的要求不断提升，对文化消费的需求不断促进文化创意产业的重点业态和新业态在近几年保持高增长。数字创意产业正成为国家经济稳定增长的新动力，是推动技术创新和产业进步的重要力量。2017 年，我国数字创意产业继续保持高增长，相关产业产值占 GDP 的 4.29%，比2016 年增加 0.156 个百分点，增加值为 35462 亿元，逐步成为国民经济支柱性产业，整体规模实力和数字创意核心领域竞争力在不断提升。

数字创意产业于 2016 年被列入国家战略性新兴产业以来，在政策、技术等多重驱动力的推动下，数字创意产业规模不断攀升。数字创意产业运用数字技术，创造新产业、新业态、新模式，以新动能推动网络强国、数字中国及智慧社会建设的新发展。目前，数字创意产业内容主要涵盖数字创意技术和装备、数字创意内容制作、创意设计服务和外围融合发展四个环节。从子领域来看，内容制作融资规模最大，2017 年融资额为 181.5 亿元，占比达 71.3%，分布在直播、影视等领域。2017 年，创意设计服务融资 67.1 亿元，占比为 26.4%；而在数字创意产业融资整体回落的同时，设计服务业在数字技术广泛应用和企业需求日益迫切等因素的推动下，实现 122.3% 的同比增长；此外，数字创意技术和装备及外围融合发展融资规模相对较小，融资额分别为 3.6 亿元和 2.2 亿元，总共占比 2.3%。

与数字创意产业发达国家相比，我国数字创意产业发展仍存在诸多困难，表现为：核心技术研发能力薄弱，与产业发展的需求不匹配，存在较大差距；支撑创新的制度体系和法治环境不完善，技术研发及交易、知识产权和科技成果转化等配套的服务还处在萌芽阶段。这些都可能制约着我国数字创意产业的发展。在当前国际政治背景下，数字创意产业面临着挑战和机遇，亟须对如何提升我国数字创意产业竞争力进行深入研究。

二、研究意义

数字创意产业相对于传统产业而言，是一个相对较新的领域，是一个新兴的产业门类，关于数字创意产业的研究仍处于起步发展阶段。中国经济正由高速增长向高质量增长转变，传统产业面临优化升级，研究数字创意产业如何获得持续性发展和竞争优势等问题，对于提升产业竞争力和经济向高质量发展转型具有重要的现实意义。同时，基于产业竞争力的评估与培育来研究我国数字创意产业竞争力的升级路径，剖析数字创意产业竞争力和经济增长的影响关系，有益地丰富了新兴产业的产业经济学研究，对于数字创意产业的发展也具有十分重要的理论价值。

1. 理论意义

数字创意产业是一个将技术与内容有机融合的新兴产业门类，具有产业经济学的共性特征，同时具有区别于其他产业的独特属性。基于产业竞争力理论展开对数字创意产业的系统探究，具有以下非常重要的理论意义。

第一，综合运用数字经济、价值链、产业融合和竞争力等相关理论，基于数字创意产业的独特属性，并运用学科评价工具对数字创意产业竞争力进行系统性评价，可有益丰富和补充数字创意产业的经济学研究。目前关于数字创意产业的研究较少，一部分学者对数字创意产业进行了探索性研究，但研究重点主要以文化产业层面的视角，专注于我国数字创意产业的现状特征和发展前景，而鲜有以经济学视角来探究我国数字创意产业竞争力发展的研究。

第二，拓展补充了产业竞争力的相关研究理论。从竞争力评价与培育的角度对数字创意产业的内涵、特征、产业组织模式、产业竞争构成及评价等方面进行了全面深入的研究，是对传统创意产业竞争力理论的一种拓展，有益地补充了产业竞争力的研究理论。本书以我国数字创意产业竞争力甄别、评价和培育为研究对象，探寻区别于其他国家、其他行业的中国数字创意产业独特的产业属性，探索新的产业发展理论，探究以数字创意产业为载体的产业结构性评价理论与方法的现实细分和完善，不仅是在宏观层面对产业创新的系统性研究，也是在中观层面对数字创新的扩散研究，更是对创新发展与融合理论的重要补充。

2. 现实意义

中国数字创意产业缺乏具备中国形象的代表性数字创意产品，缺乏参与国际竞争的代表性数字创意企业，缺乏形成世界共性认知的数字创意品牌，究其根源在于产业竞争力不强、核心能力不足。正是基于此，本书以数字创意产业竞争力评价为手段，以培育为目标，系统构建产业竞争力评价体系，研究我国数字创意产业科学发展的创新评价手段与提升路径，为我国数字创意产业发展策略与规划的科学制定提供了智力支持和决策参考。通过构建数字创意产业竞争力的评价体系，深入分析数字创意产业竞争力的形成机理及影响因素，探究提升数字创意产业竞争力的可行路径和举措，对于提升我国数字创意产业的国际竞争力水平，助推我国产业优化转型升级，实现数字创意产业的高质量发展具有十分重要的现实意义。

第一，从提升产业竞争力视角探寻我国数字创意产业的发展路径，能推动传统产业结构升级，实现经济增长方式向高质量发展转变，对于未来我国产业国际竞争力的提升具有重要的现实意义。基于"竞争力"视角，剖析数字创意产业的内涵和特征，有助于准确把握数字创意产业的发展规律和演进路径，为科学制定适宜我国国情的产业政策提供现实依据，有助于我国产业结构的优化升级，使我国产业在国际化分工体系中处于产业链高端，从而在国际竞争中提升我国产业的竞争力。

第二，研究我国数字创意产业竞争力的形成机理，探究其提升路径，对促进企业区域竞争力的提升和推动国民经济的高质量发展具有重要的现实意义。数字创意产业作为新兴的战略性产业之一，其发展关系到一个区域所处的产业价值链地位和竞争力相对优势。数字创意产业通过有效地开发我国丰富多彩的优质文化资源，深度有机融合数字技术与我国的悠久文化和先进思想，可实现文化资源的集中产业化，推出创新产品，有利于中华文化的传播，将积极影响文化经济的发展，进一步在文化层面上提升我国在全球化竞争中的话语权，增强民族文化自信。

三、研究内容与方法

1. 研究的主要内容

本书的技术路线框架如图 0.1 所示。

2. 研究的主要方法

研究方法的选用以群体统计与个案剖析结合、定性分析与定量测度结合、文献查阅与实地调研结合为主要原则，结合不同的研究对象和内容，采用合理的工具和方法开展研究。采用比较分析法研究数字创意企业 - 产业 - 区域异质性；定性与定量结合法对数字创意产业进行生产竞争力 - 市场竞争力 - 创新竞争力"三力"评价；扎根理论研究法分析数字创意产业的关键影响因素集合；模式及路径设计上采用访谈、问卷、观察、统计等综合性方法。具体的研究方法主要包括以下三种。

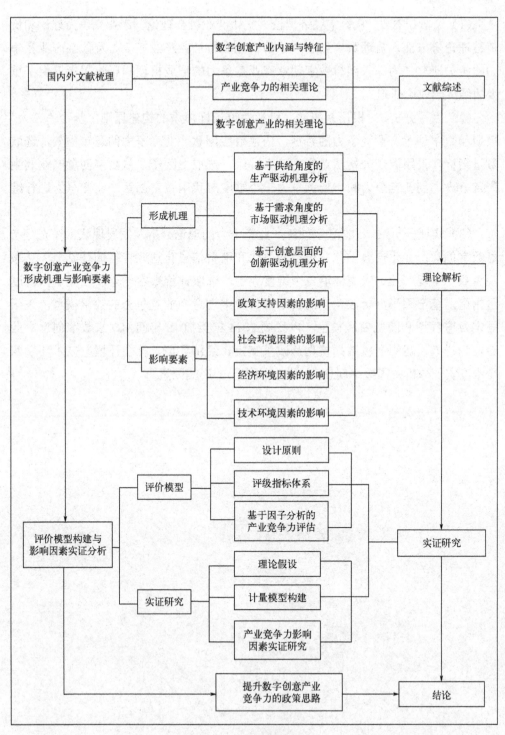

图 0.1　技术路线框架

（1）文献研究法　从数字经济理论、文化产业融合理论、产业竞争力理论和价值链理论等方面，梳理数字创意产业的内涵和特征、产业竞争力及数字产业竞争力的相关研究，为深入剖析数字创意产业竞争力的形成机理和影响因素提供了重要的经济学理论基础。

（2）因子分析法　根据系统性、科学性等指标体系的构建原则，基于"三力"模型和数字创意产业竞争力的特征，构建数字创意产业竞争力的逻辑框架，选取数量指标，采用因子分析法对指标体系降维，选取主因子，从数字创意产业的生产竞争力、创新竞争力和市场竞争力三个维度对我国数字创意产业竞争力进行综合评价。

（3）实证分析法　根据数字创意产业竞争力的理论分析及发展现状，在充分考虑数字创意产业生产数字化、传播网络化和消费信息化这些特征的基础上，从微观企业、中观产业、宏观环境三个维度入手，选取评价数字创意产业竞争力的度量指标，基于因子分析法构建的科学评价数字创意产业竞争力的数量模型，采用固定效应模型和随机效应模型，以我国 2014 年至 2018 年间 409 家数字创意产业企业为样本，运用面板数据模型从政策支持、经济环境、社会环境、技术环境四个维度实证分析中国数字创意产业竞争力水平的影响因素。

第一章
理论基础

第一节　数字创意产业的内涵与特征

一、创意经济及创意产业的内涵

关于创意经济的探讨始于第二次世界大战之后，美国学者理查德·佛罗里达在《创意阶层的崛起》中指出，21世纪创意经济将超过服务经济占据主导地位，并将经济社会发展的阶段定义为创意经济时代。"创意产业"在1990年出台的《英国创意产业路径文件》中被正式明确采用。创意经济及创意产业的出现和发展是现代知识经济发展的必然。首先，第三次科技革命为新兴文化产业的信息化提供了关键的技术条件，为新兴文化产品的研发和传播提供了技术支持。其次，随着新技术的出现，全球经济的竞争方式转变为以现代科技为支撑的具备高技术含量的产业竞争，创意产业在各产业的扩散效应为产业结构调整优化提供了全新的动力。最后，随着经济社会的竞争，人们对精神生活产品质量的要求日益提高，广阔的市场需求促使创意经济的产生和发展（厉无畏，2006）。

学术界有不少学者对创意经济及创意产业的概念进行了探讨，但尚未形成权威统一的界定。周膺（2008）提出创意产业作为后工业社会的"黄金产业"，构成了一个独立的产业部门，而创意经济是对具有高技术含量、高文化附加值和丰富创新度的各类产业的高度概括，传统产业可通过融入创意文化的含量提升附加值，进而实现产业升级。厉无畏（2008）将文化创意产业界定为以个人创意为发展动力、以知识产权开发为基础、以思想技能与技术为要素，通过一系列价值增值的过程，最终实现就业岗位与经济财富有效提升的产业。郑涵（2013）则将文化创意产业界定为汇集了创意者、创意部门、大工业等不同业态，通过融合商业、文化、社会实现生产、流通、消费全方位创新创造，并最终以知识产权实现和消费为交易特征，以文化内容创新及成果为核心价值，为顾客带来非凡文化体验的融合性产业。

关于创意经济的特征，学者们进行了不同维度的探索。其中，创意是引领创意产业发展的核心和关键；文化是启发创意和体现特色的灵魂和重要载体；科技是实现创意和传播创意内容的主要手段和主要载体（汤丽萍，2015）。创意经济有机融合了文化、科技和创意三要素，发展创意经济必将有效促进经济向高质量转型，形成巨大的社会生产力。创意经济的基本特征体现在：其根本驱动力在于创新和创意，其核心资产为知识产权，其表现形式为创意产业（荣跃明，2004；陈伟雄，2013）。

二、数字创意产业的内涵

数字创意产业利用数字技术创新开发文化创意内容，融合了文化产业与数字技术，形成具有经济效益与就业潜力的产业，是现阶段创意经济的主要表现形式（王振中，2018）。陈刚和宋玉玉（2019）认为数字创意产业是文化产业、文化创意产业等传统产业发展到当前，与现代信息技术相互融合、相互渗透而新兴的一种全新经济形态。陈洪、张静、孙慧轩（2017）认为数字创意产业在其发展过程当中，充分依托了网络技术、人工交互技术、传感器技术等新一代信息技术，有效促进了虚拟现实技术、大数据技术、增强现实技术、人工智能技术等现代信息技术在文化艺术、商业模式、运营管理等方面的创新应用。刘懿萱（2017）认为数字创意产业发展为进一步提升行业的创新设计水平、业务发展空间、软件和硬件实力带来了广阔的机遇。

另外，也有一部分学者从文化产业的延伸角度对数字创意产业的概念给予界定。周志强和夏光富（2007）指出，数字创意产业是指采用现代的数字网络技术和大众通信传播技术，以个体和团队的文化创造力、艺术才能为动力的企业和数字网络化生产方式，在文化资源基础上进行的具有文化价值的创造传播和交易等活动。陈利和陈睿（2019）提出，数字创意产业是将文化创意和新数字信息技术渗透到传统文化产业，让产业附加值增值的生产经营活动。邱丽娜和张明军（2008）指出，数字创意产业深度融合了文化、服务和运作拥有自主知识产权的原创内容，实现意识形态的高新技术产业。王博和张刚（2018）认为，数字创意产业就是建立在创意资源基础上，运用现代数字技术、网络技术和大众传播技术等数字技术，以人的创造力为驱动力的企业及其以数字化、网络化生产方式进行的文化价值的创造和传播的产业。还有一些学者从新经济的角度对数字创意产业的概念给予界定。王红梅等（2010）提出，数字创意产业是以信息网络为平台、数字化技术为工具、知识文化为资源、创意为动力而进行的新经济活动。

把握数字创意产业内涵的核心在于数字技术和文化创意，相比于传统的文化创意产业，数字创意产业不再以实体作为文化艺术创作的核心载体，而是以计算机图形学、虚拟现实等现代数字化技术为核心工具。通过企业、团队、个人以文化创意、数字产业化等方式进行相关产品与服务的整体设计与开发，旨在增强产品与用户间、用户与技术间、用户与用户间的多方互动连接，增强用户体验感的同时促进高新技术升级与市场优化配置，最终实现多主体的价值共创。正是这种将高度抽象的创意想象力与现代数字化科学技术充分融合，才更加体现出数字创意产业的前沿性，并以此为基础，成为与文化、技术、服务等领域紧密相关，推动传统文创产业、制造产业、设计服务产业与数字创意内容、技术、文化等的多维度融合，发挥产业间的互补互助和相互支撑的联动效应（曹正勇，2018），以更加超前的业态模式和增长方式实现着变革与转型（蒋三庚，2006）。数字创意产业也真正成为一个以数字化科学技术和艺术化文化标志为输入、以经济型商业价值和多元化文化影响为输出的综合系统，重点聚焦于科学驾驭数字技术与文化创意高度融合，并以此蓬勃发展创意制造产业、创意内容产业（范恒山，2017）。

"数字创意"作为一个新概念，如何对其作出定义，目前国际上尚无统一标准，各国对数字创意产业的划定范围、理解程度及发展路径也不尽相同（孙守迁，2019），见表1.1。例如，英国主要以轻量的创意产业占主导，而美国则通过版权来整合整个数字创意产业，日本与韩国的数字内容产业发展强势，相关概念均涉及了数字创意产业、版权产业、数字内容产业和文化创意产业等方面（陈端，2019）。

表1.1　世界主要国家关于数字创意产业的定义和分类

国家	名称	定义	分类
英国	创意产业	源于个人创造力、技能和才华的活动，通过知识产权的生成和利用，这些活动发挥创造经济效益和就业机会的成效	广告与市场、建筑、工艺、设计、电影/电视/视频/广播与摄影、信息技术/软件与计算机服务、博物馆/图书馆/画廊、音乐/视觉与表演艺术、出版
美国	版权产业	以个人的创造力、技能和天赋获取发展动力的企业，以及那些通过对知识产权的开发可创造潜在财富和就业机会的活动	核心版权产业、部分版权产业、交叉版权产业、边缘支撑产业
日本	数字内容产业	加工制作文字、影像、音乐、游戏等信息素材，通过媒介流通到用户的信息商品，包括可以瞬间接受、消费的信息和历经百年拥有大批读者的文学作品	内容制造产业、休闲产业、时尚产业
韩国	数字内容产业	利用电影、游戏、动漫、唱片、卡通、广播电视等视像媒体或数字媒体等新媒体，进行储存、流通并享有的文化艺术内容的总称	数字游戏、数字动漫、数字学习、数字内容软件、数字影音、移动增值服务和网络服务、数字出版等领域

我国数字创意产业的概念界定有着显著的不同，不仅仅关注产业本身的创新性发展，而是致力于科学技术与文化创意间的有机协同与融合发展（陈刚，2019）。国家金融与发展实验室与文化部（现文化和旅游部）从数字技术与数字内容两个方面指出数字创意产业的独有特征，文化部认为数字创意产业是一种融合性产业，见图1.1。

数字技术：以虚拟现实和增强技术、全息成像和三维图形显示技术、娱乐交互引擎开发、人工智能等现代化数字技术为基础，以数字网络化、人工智能化的技术为支撑	融合性产业：与文化产业之间交集较多，2017年《文化部关于推动数字文化产业创新发展的指导意见》中的"数字文化产业"
数字内容：包括网络动漫、文学与游戏，以及影视演绎、娱乐开发、摄影、音乐、美术创意设计及相关出版发行等	数字文化：依托数字技术创作生产文化创意内容，进行传播和服务，呈现出生产数字化、数字更迭速度快、传播网络化和消费个性化等特点
国家金融与发展实验室	文化部

图 1.1　不同部门对数字创意产业的理解

目前，我国数字创意产业所涉及的交叉领域主要涵盖文化与博物业、体育与健康业、人居环境设计业、旅游产业、数字创意装备和艺术设计产业、数字出版与互联网行业、动漫与游戏业、影视传媒行业、表演展会行业等，相关内容包括数字创意的新内容制作、新服务设计、新技术装备及新经济趋势等，同时还尽可能地向其他直接或间接相关的产业部门渗透、扩散与融合，以期在各领域均创造出新的应用业态（杜德斌等，2005；黄芳芳，2019）。

在国家统计局2018年11月发布的文件《战略性新兴产业分类（2018）》中，数字创意产业被首次纳入新兴战略性产业，进而现有战略性产业增至9个。数字创意产业内容主要包括数字创意技术设备制造、数字文化创意活动、设计服务和数字创意与融合服务四个大类，如表1.2所示。

表1.2　《战略性新兴产业分类（2018）》之数字创意产业

数字创意产业	数字创意产业细分行业	对应国民经济行业名称
数字创意技术设备制造	数字创意技术设备制造	电影机械制造、广播电视节目制作及发射设备制造、广播电视接收设备制造、专业音响设备制造、应用电视设备及其他广播电视设备制造、电视机制造、音响设备制造、其他智能消费设备制造

续表

数字创意产业	数字创意产业细分行业	对应国民经济行业名称
数字文化创意活动	数字文化创意软件开发	应用软件开发
	数字文化创意内容制作服务	动漫、游戏数字内容服务，其他数字内容服务
	新型媒体服务	互联网其他信息服务、其他数字内容服务、数字出版
	数字文化创意广播电视服务	有线广播电视传输服务、无线广播电视传输服务
	其他数字文化创意活动	其他电信服务、互联网游戏服务、地理遥感信息服务、其他数字内容服务、其他技术推广服务、广播、电视、影视节目制作、广播电视集成播控、电影放映、录音制作、文艺创作与表演
设计服务	数字设计服务	工程设计活动、规划设计管理、工业设计服务、专业设计服务
数字创意与融合服务	数字创意与融合服务	互联网广告服务、其他广告服务、科技会展服务、旅游会展服务、体育会展服务、文化会展服务、旅行社及相关服务、电子出版物出版、图书馆、博物馆

正因如此，数字创意产业也真正成为一个以数字化科学技术和艺术化文化标志为输入、以经济型商业价值和多元化文化影响为输出的综合系统。相比于其他传统产业，数字创意产业充分融合了数字内容与数字技术，从用户需求出发，既囊括了对文化内容、创意服务的有效生产与输出，也涵盖了对相关软硬件实体的产品类输出，具有典型的商业性和文化性双重价值效应（周建新，2018）。产品实体和内容软体两类输出，反映了数字创意产业的两条发展主线：一条是网络化背景下的数字技术产业的发展线，充分体现出数字技术对创意内容的生产与传播所发挥的技术性价值；另一条则是以影视、数字出版、动漫游戏等为代表的文化创意产业的发展线，创意元素贯穿整个生产产业链，创意是整个产业高速发展的核心生产力（周晓宏，2019）。作为国家五大战略性新兴产业之一，数字创意产业虽在产业链发展、产业结构的完善上有待提升，但无疑已对国家的经济发展、文化推广、社会进步发挥了极其重要的作用（丁文华，2017）。

三、数字创意产业的特征

数字创意产业作为典型的交叉融合性产业，涉及了多个产业。具体而言，数字创意产业可主要划分为三类领域，分别为基础支撑领域、核心开发领域和融合渗透领域（陈刚，2018），见图 1.2。其中，基础支撑领域是以数字创意技术和创新设计为支撑，核心开发领域的开发能力以文化创意、内容生产和版权利用为核心，融合渗透领域深度融合高新科技、创意设计和文化内容，这些领域的发展增强了周边产业领域共同发展而形成的融合渗透能力。多元化交叉融合产业正助力数字创意产业带领其他影视传媒业、数字出版业、时尚服务业、文化博物业、体育健康业、数字文化装备业等产业升级优化，快速发展（张奎，2019）。

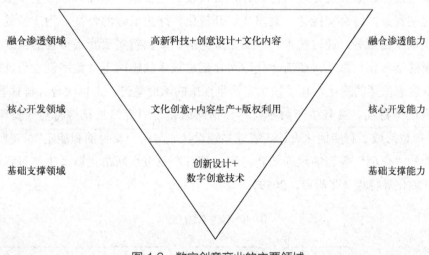

图 1.2　数字创意产业的主要领域

数字创意产业结构从组成特征来看是一个全链接的三层神经网络结构（TD+4C+X）（夏光富，2010）。其中，输入层是由数字创意技术（Technology）和创新设计（Design）两个节点组成，作为基础支撑（TD）提供基础能力输入。中间层是由文化（Culture）、创意（Creativity）、内容（Content）和版权（Copyright）四个节点组成，作为核心内容（4C），提供可消费的、具有版权的文化创意内容。输出层则是由玩具（Toy）、体育（Gym）和旅游（Travel）等多个节点组成，作为融合渗透（X）来提供新的业态和消费点。数字创意技术与创新设计是数字创意产业内容具备的两个核心基础性能力。通过集成整合丰富的创意想象，数字创意产业与其他产业充分跨界融合，以形成全新的内容、模式与业态，最终呈现出提供新供给、引领新消费的全新活力与设计（杨小伟，2017）。数字创意产业还通过不断渗入其他传统行业，促进传统行业转型升级，形成创意内容的生产与制造产业（张京成，2016）。可见，数字创意产业不仅自身拥有强大的变现能力，还致力于对传统内容业、设计业、制造业和创意技术的发展反哺着新的力量。

　　图1.3为数字创意产业网络全景图。从图中可以看到，数字创意产业得以快速发展与持续性成长的基础在于创意技术和创新设计两大基础支撑。创意技术主要包括人工智能、虚拟现实、超高清与大数据等，旨在为创新设计、影视、媒体、动漫、游戏、数字出版在数字时代的转型升级提供重要的支撑，表现出了新兴信息技术与创意产业的高度融合。创新设计主要包括对传统工业设计、产品设计、工程设计、服务设计、工艺设计、材料设计进行综合拓展，重点基于知识网络时代的背景，综合智能化、共享化、开放化、绿色低碳的特征，为产业的全过程提供系统化服务，通过技术、产品、服务的三重创新实现新兴市场的需求及科技成果的强转化。总之，在新一代数字化信息技术的影响下，数字创意设计服务业也发生着重要的变化，基于技术层面呈现出的深度学习、人机融合、群体智能、跨界系统等特征，具有生产数字化、传播网络化、消费信息化等特点（蓝庆新，2019）；也形成了智能优化设计、智能系统设计、与用户交付的智能定制、基于群体智能的"众创"等智能设计的新内容，具有产业组织网络化以及生产过程生态化、开放化等特点（张昕蔚，2019）。

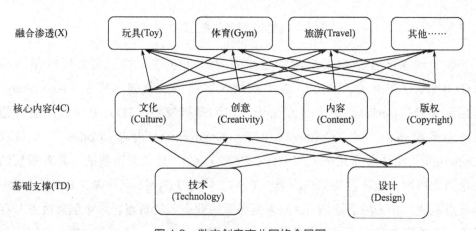

图 1.3　数字创意产业网络全景图

文化、创意、内容、版权（4C）是数字创意产业的核心内容，也是数字创意产业的主体内容，它既需要创新设计和数字创意技术提供支撑，又不断推动设计和技术的革新（范玉刚，2018）。近年来，数字创意内容的创作设计模式也发生了巨大的改变，从单一的专业生产内容转变为与用户生产内容、智能生产内容等模式并存。在用户生产内容方面，微博、微信、知乎等都是典型的用户生产内容平台。应用人工智能技术从事智能创作成为智能生产内容的未来发展趋势。近年来，数字版权内容出现了积极的技术创新、业态创新和产品创新，盈利模式的不断变革成熟，使得数字出版行业的盈利得到高速增长，远超其他行业（张京成，2017）。

第二节　产业竞争力的相关理论

产业竞争力是产业经济学领域一个核心的概念对象，长期以来，不同学者从不同角度对其展开的内涵界定始终大同小异。最早对产业竞争力进行系统研究的是美国战略管理学大师迈克尔·波特。他首先从国家环境因素的角度，将产业竞争力界定为：与国家环境密不可分的、来源于企业与产业的竞争优势。在此基础上，国内学者周健（2001）进一步从环境视角将产业竞争力界定为：在客观环境下产业实现自我生存与成长发展的能力。同时，金碚（2002）、蓝庆新（2003）、张铁男（2005）等学者从利益获取能力视角，将产业国际竞争力界定为：一个国家某特定产业，在国际自由贸易环境下，相对于竞争对手而向国际市场提供更能满足消费者需求且能持续盈利的产品的能力。此外，张超（2002）从综合能力视角，将产业竞争力界定为：面对相同的国际自由贸易条件，不同国家同类产业在生产效率、生产创新能力及终端产品市场上的竞争能力。

综上可见，无论哪一种对产业竞争力的界定，都存在的共同点是：首先，产业竞争力是一个相对概念，体现为在相同条件下，同一产业相对于竞争对手所表现出的更优的竞争能力；其次，产业竞争力的比较范围有一定的局限性，其比较研究只能在贸易开放的国际市场和一定区域范围内才能展开。

一、比较优势理论

运用传统比较优势理论研究国际竞争力问题，最早源于18世纪的国际贸易理论。布伦乔尔森等人（2003）的绝对优势理论认为，国家间生产效率比较优势影响产业的国际竞争力，两国之间在生产某种商品效率上具有绝对差异时，则参与国进行国际贸易时，具有绝对优势的一方就是占优的一方。之后，瑞典经济学家赫克歇尔和其学生俄林在传统比较优势理论的基础上进一步完善，提出了要素禀赋理论。该理论认为，国与国之间要素禀赋的差异是形成比较优势的重要原因，一国发展本国最丰富和充足生产要素的产业是最有竞争力的，也就是国家之间要素禀赋的差异决定了贸易流动方向（张定胜，2003；曹明福，2006）。

从比较优势理论的分析可以看出，生产能力或资源方面的潜在绝对或相对比较优势能转化为产业国际竞争力优势（赵春艳，2010；林毅夫，2003）。美国经济学家保罗·克鲁格曼（Paul R. Krugman）从规模优势、企业专业化分工及技术创新角度提出内生比较优势理论。该理论认为，在不存在要素禀赋差异的情况下，一国可以通过技术创新和专业化生产提高效率，达到规模报酬递增引致的产业规模优势（Richard Florida，2002）。区别于规模经济理论，张定胜等人（2003）进一步从专业化和分工角度研究内生比较优势理论，提出分工与交易成本理论。该理论认为，内生比较优势来源于个人专业化和分工，而非企业。个人专业化使个人不断积累生产经验，会产生递增报酬。在经济发展的初期，个人专业化分工的收益小于分工所带来的交易成本，导致比较优势不强；随着经济发展和专业化程度增强，分工所产生的收益就会超过交易成本，从而产生比较优势。李博英（2019）基于比较优势理论，运用中韩货物贸易细分行业，研究中韩两国的产业国际竞争力，发现中韩两国产品市场竞争日益激烈，双方的比较优势在世界竞争格局中得到提升。金芳等人（2020）采用主成分分析法构建了制造业细分产业竞争力评价体系，测度和分析了山东省细分产业结构特征和产业竞争力状况，发现新兴产业竞争力比较弱。

竞争力和比较优势这两个概念是彼此相容的关系。林毅夫（2002）通过引入企业自生能力概念，建立了竞争力和比较优势两个概念之间的逻辑联系，即在开放的竞争性市场中，在没有外部扶持的情况下，一个产业部门获得的利润达到外部投资的预期，则企业就具备自生能力，在竞争性市场经济中具备自生能力的企业能存活，而不具备自生能力的企业则会消亡。蔡昉等人（2003）构建了一个比较优势和产业竞争力的模型，发现一个拥有丰富劳动力资源的国家，若要充分发挥其比较优势，则应具备以劳动密集型产业为主导的工业结构；而一个拥有丰富资本的国家，则应具备以资本密集型产业为主导的工业结构。这表明提高一个国家的工业总体的竞争力应遵循比较优势原则。

影响产业国际竞争力的因素是多方面的，呈现出了综合性、动态性和层次性特征。综合性反映了影响产业国际竞争力的因素，包括内在的驱动因素和外部的环境影响。动态性指影响产业国际竞争力是时变的，因而构建评价产业国际竞争力模型需考虑产业未来的发展潜力。影响产业国际竞争力的因素还具有层次性特征，在评价产业国际竞争力时，需分离出影响因素的主次和影响程度，给各因素合理匹配权重。王刚等人（2010）从外显竞争力、核心竞争力、基础竞争力和环境竞争力四个维度，采用基于熵权的逼近理想解排序方法（Entropy-Topsis）构建了我国林业产业综合竞争力的评价指标体系，发现我国林业产业竞争力的省际分化明显，存在较大的区域差异。朱芳阳等人（2020）采用生态位态势测度方法，基于我国"一带一路"重点省份的面板数据，从资源、技术和市场三个维度构建物流产业竞争力评价指标体系，分析各省份的综合生态位及排名。

二、竞争力理论

竞争力理论是美国著名管理学家迈克尔·波特于 20 世纪 90 年代初，基于比较优势理论所提出的，具有革命性的重要意义。为了阐述竞争力、竞争优势的内涵，波特发表了具有深远影响力的"竞争力三部曲"著作，详尽分析了各个国家、各个地区在各个产业上的竞争优势，发现任何一个国家，无论经济水平如何，政府管理者制定各项政策的目的都是为企业营造适合企业生存、发展、壮大和激励企业增强竞争力的外在环境和要素提供。因此，一个国家的产业竞争力强弱，关键在于该国是否有能力创建有效的竞争环境。良好的竞争环境不仅能提高产业规模和优化要素投入配置等，还能激励企业研究产出影响行业发展乃至世界变革的差异化创新型产品。

波特构建了钻石模型，系统地提出了产业竞争力的影响要素的逻辑框架（图1.4）。该模型有机整合了生产要素、相关产业、文化需求条件和企业战略这四个关键要素，分析各要素对产业竞争力的交互作用，通过厘清各要素间的作用，可有效地促进行业内竞争主体的创新能力和创新产品生产，推动提升国家产业竞争力优势和技术创新（Volintiru，2015）。

通过比较优势理论和竞争力理论的概念及内涵，发现两大理论之间既有差异性，又具有较强的内在逻辑关系。比较优势理论的主流观点认为，自然资源禀赋的差异性会引致国家或地区在市场竞争中形成潜在比较优势；而竞争力理论则认为，各个国家或地区在国际竞争过程中所形成的比较优势，是各个国家或地区的比较优势与管理、政策、机遇等多种相关要素综合作用的结果（West，2015）。两理论间的侧重点不同，比较优势理论侧重于相关产业在国际产业分工中的互补性，

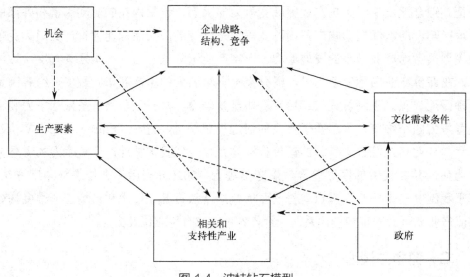

图 1.4　波特钻石模型

而竞争力理论则强调各个国家或地区产业间同类产品的替代性（Yanhong，2018）。波特还进一步发展出包含现有竞争者的竞争能力、潜在竞争者进入的能力、同行业产品的替代能力、供应商的定价能力、购买者的定价能力这五个要素的波特"五力"模型。同时，将持续性竞争优势的形成原因归结于特殊资源优势、竞争优势的种类与数量、竞争优势的持续改善与自我提升能力三个要素（Porter，1990）。

在此研究之上，国内学者展开了一系列关于产业竞争力的讨论与研究。肖淼（2005）在研究竞争力形成机制时认为，差异化竞争力形成的原因在于产业生产要素的不同组合及不同集聚程度，从生产要素到产业投资再到创新创造，共同构成了驱动竞争力提升时间效应。罗元青（2006）通过对中国汽车产业的实证研究，发现产业组织结构对产业竞争力的形成与提升有着显著积极影响。张伟等人（2012）在研究城市竞争力时，运用层次分析法（AHP）对北京、上海、广州三大城市的创新能力与资源利用进行了研究，发现城市竞争力的提升需注重对生产要素的优化、对政府作用的强化以及对市场需求的有效刺激。方世川（2013）、鲁小伟（2014）等人基于评价指数，利用数据包络分析（DEA）三阶段模型、主成分分析法等，从环境、政策、资本、文化、人才等方面对中国文化创意产业竞争力进行了评估，其中政策、人才、环境对竞争力有着显著影响。王宏起等人（2019）研究指出，在创新驱动力、需求拉动力和政策引导力三重动力作用下，战略性新兴产业主导优势特色不断升级并持续积累产业核心能力。赵继新（2014）在钻石模型的基础上，重新构建了包含生产要素、产业运作、需求要素、创新能力、相关产业及政策法规六大因素的新模型，并最终完成了对北京、上海之间产业竞争力的对比性研究。竞争优势理论指一国通过创造良好商业环境让该国企业获得竞争优势的能力，是在国际竞争环境下不同国家或地区间的某一产业所形成的市场竞争能力（王福军，1999；陈卫平，2002）。该理论弥补了比较优势理论、规模经济理论等传统经济理论对产业竞争力的解释的不足。

三、价值链理论

随着商品市场的出现和社会分工的细化，原材料经过生产和交换的各个环节形成产品，国际化生产模式正向全球价值链转变。全球价值链通过发挥区域比较优势将产品研发、制造、销售、服务等各个环节分布在全球各地，进而形成一个完整的价值增值链条。各国企业一般在某一生产阶段进行专业化生产，从事价值增值过程中的某一具体环节。有研究表明，在全球价值链中所处的地位，不仅关系到企业的经营绩效，还会影响到一国的经济发展质量，甚至决定一国在全球中的经济地位（Baldwin 和 Robert，2014；Kummritz 等，2017；Johnson，2014；倪红福等；2016）。

目前，关于全球价值链的研究，学术界主要聚焦于以下几个方面：一是关注全球价值链分工中出现的功能专业化现象。如 Duranton 和 Puga（2015）通过构建不同城市之间功能分工差异的区域模型，基于经济地理的相关理论，从区域层面解释了区域间由产业分工转型为功能分工的内在机制，研究地区主要经济活动的功能专业化的机制。Markusen 和 Venables（2013）基于李嘉图比较优势，从产业层面解释功能专业化的成因，从微观企业维度探讨了国家间产业层面的功能专业化。二是全球价值链治理模式的研究。学者们从三类治理模式拓展至五类治理模式（Humphrey，2002），提出以市场交易和供给能力为标准的市场型、领导型、层级型等五类治理模式，并认为生产者和购买者是价值链的主要驱动力（Tamar，2016）。三是价值链地位的量化测度的研究。Koopman 等人（2010）拓展已有的垂直专业化方法，基于发展中国家的产业链特征，构建了适宜于中国和墨西哥等国家的测度模型（聂聆，2016），考虑产业链下游的附加值因素，进一步完善了Koopman 等人（2010）的研究。

还有部分学者研究全球价值链攀升的影响因素，诸如制度特征、智能化发展、传统要素禀赋、外商投资及影响机制等。Hausmann 等人（2007）发现当区域成本产生知识溢出时，专业化模式在一定程度上具有不确定性，从理论和实证上说明了一国生产的商品组合可能对价值链攀升产生重要影响。李强和郑江淮（2013）基于产品内分工的视角研究我国制造业价值链攀升的影响机制，发现研发水平、人力资本和制度环境显著促进了所有类型制造业价值链攀升，外商直接投资显著促进了总体制造业和劳动密集型制造业价值链攀升。Zhang 和 Yang（2016）研究知识产权保护对价值链攀升的影响，结果表明：在发展中国家，外商直接投资和进口在知识产权保护与价值链攀升之间起中介作用；而在发达国家，相应的中介效应依赖于研发和外商直接投资。高翔等人（2019）基于价值链分工和增加值贸易的双重视角，验证了中国制造业存在价值链嵌入位置和出口增值能力之间的"微笑曲线"关系。国内还有一些学者从人力资本结构、研发强度、智能化发展等方面对我国价值链攀升展开了深入研究（耿晔强和白力芳，2019；刘亮等，2020）。

随着新兴数字技术与数字化生产方式的迅猛发展，价值链各个环节的数字专业化程度越来越高，分工越来越复杂和精细，全球生产网络和全球价值链正在重塑。发展中国家中参与全球价值链的企业可能将受到重组供应链、生产迁移本国等因素的极大影响。Andreoni 和 Anzolin（2019）在其研究中指出，数字化供应链中的协调和治理机制在一定程度上促进市场寡头垄断的形成。在数字经济快速发展的同时，数字化无形资产在国民经济增长和结构转型中发挥了越来越重要的作用。针对全球价值链的数字化，Baldwin（2016）提出"第二次拆分"的概念，即全球制造环节由于信息技术的发展，将以更低的转移成本转移到生产成本更低的地区，信息技术使得区域间的协调管理实现低成本衔接。Cedric Durand 和 Wiliiam Milberg（2018）基于新技术的规模集聚和网络特性，研究了无形资产对全球价值链分工的影响机制。他们指出，在数字经济中无形资产的流动性和可交易性显著增强，而全球价值链中的自然垄断进一步加剧了高收入国家和低收入国家的发展平衡。国内学者亦对数字经济背景下的全球价值链展开了积极研究。徐金海和夏杰（2020）提出数字贸易的发展改变了全球价值创造模式和全球价值链收入分配格局，推动了数字产品嵌入全球价值链。詹晓宁和欧阳永福（2018）认为数字经济跨国企业使得全球价值链呈现数字化、服务化、去中介化等多元化的发展趋势，在数字经济领域发达国家的对外投资优势重新得到提升。郑江淮和郑玉（2020）在全球价值链分工框架下纳入中国现实情况，分析提出了我国中间创新产品要素驱动的全球价值链攀升的路径与机理。

随着信息技术和互联网的渗透，价值链理论有了更多的用武之地。价值链理论多运用于研究企业的决策支持系统、所在价值链体系定位、市场竞争中的利润分布和竞争力优势获取。21世纪是知识经济和网络信息化时代，世界经济全球化进程加速，国家和地区间的竞争日趋严峻，在互联网技术和电子商务高速发展的背景下，结合当前我国数字创意产业发展现状和特征，研究数字创意产业的价值链重构十分必要。因此，对传统价值链理论加以拓展和优化创新，运用价值链理论研究全球经济一体化环境下对数字创意产业的新的态势，提升我国数字创意产业的产业链位置和国际竞争力，更有现实紧迫性。

四、产业竞争力的经典模型

1. 产业竞争力"钻石"模型

产业竞争力的钻石模型，是最早系统研究产业竞争力的基本框架模型，由美国管理大师迈克尔·波特教授在《竞争优势》一书中提出。他认为产业竞争力由厂房条件、需求供给要素、市场竞争环境和产业战略四大因素决定。后来有学者增加了政府行为和机遇作为影响产业竞争力的共同要素。学者们在钻石模型的基础上进行了新的拓展研究。Cartwright（1993）在钻石模型中加入国际市场影响因素，构建了多因素钻石模型。Dunning（1993）考虑跨国经营因素对产业竞争力的影响，在钻石模型基础上提出了国际化钻石模型。Rugman等人（1993）将相邻开放型国家经济相互促进的现实情况纳入钻石模型中分析，提出了双钻石模型。Moon（1998）将适用于北美国家的竞争力研究双钻石模型拓展至适合小国经济的一般化双钻石模型。在物力要素的基础上，Dong Sung等人（1999）采用人力要素模型对竞争力进行了分析，将人力要素纳入产业竞争力分析。Hwy-Chang（2000）和Moon（2009）等人在Dong Sung的研究基础上，将全球化因素的影响纳入模型分析，提出双重双钻石模型来全面分析国家竞争力。国内学者将钻石模型拓展至农业优势特色产业（胡心宇，2020）、地方特色产业（杨惠芳，2017）等，研究产业竞争力构建及影响因素。

2. 产业竞争力"层次"模型

以花建教授为代表的不少学者在讨论产业竞争力时强调，产业竞争力指的是一个产业的综合竞争力，进而应包括宏观、中观和微观等不同层次的竞争力要素。具体而言，宏观层面的产业竞争力，体现为一个国家或地区产业在经济、科技、军事、文化等方面的综合竞争能力。中观层面的产业竞争力，体现为某一具体产业环境在生产要素与生产资源上的高效配置与转换能力，以及能够更稳定、更持续地生产出优于竞争对手产品与财富的能力。微观层面的产业竞争力，体现为以企业为主体的竞争力，如数字创意企业层面直接影响生产经营活动中的技术研发能力、生产控制能力和市场管理能力等。这种对产业竞争力的分层化处理，不仅指出了产业竞争力的层次结构，还进一步明确了不同层面的具体竞争力内容与特征。学者们认为，竞争力在从微观到中观再到宏观层次不断延伸的过程中，其特征也将从具体性向综合性、从经营性向社会性转变，进而从简单的利润效应等经济类指标，发展为强调均衡发展、和谐共建等综合性指标，相关内涵也更加丰富纷繁。

以文化产业竞争力为例，学者们将其竞争力根据不同层次需求，具体划分为体现产业实力的市场扩张能力、体现产业盈利与相关性的成本控制能力、体现产业资源与能力的整体创新能力，以及体现产业结构与环境的可持续性发展能力。王岚（2008）根据竞争力评价理论，结合我国地区文化产业发展的阶段和现实，运用网络层次评价分析法构建评价文化产业竞争力的数理模型，分析影响地区文化产业竞争力的主要因素。李雪茹（2009）明确了文化产业的发展潜力、创新性和稀缺性等众多影响要素间的层次关系和作用结构，构建了一套新的区域文化产业竞争力评价体系，以突出文化产业的社会属性和可持续发展能力。孙才志（2014）利用沿海地区 11 个省市 2006 年至 2011 年相关数据，采用层次分析法和非线性回归与组合分析（NRCA）对沿海省市的海洋产业竞争力进行综合评价，对各省市海洋产业竞争力进行分析，提出培育和发展海洋产业、提高海洋产业竞争力的有效途径。邵云飞（2019）构建我国战略性新兴产业创新能力评价体系，运用因子分析法和聚类分析法衡量我国各省级行政区战略性新兴产业创新能力，揭示不同地区战略性新兴产业创新能力的差异与原因。总之，产业竞争力的层次模型首次以"系统论"作为指导展开分析，并从不同层面、不同维度进行描述，一定程度上避免了过往分析的主观性与随意性，科学性得以充分体现。但在对文化产业等独立经济门类进行分析时，与产业独特性质相关的个性化竞争力内涵并没有很好地体现出来，有待未来进一步改进。

3. 产业竞争力"份额"模型

产业竞争力的份额模型是国内学者基于前人的研究而创造性提出的又一经典模型。该模型认为一个产业的竞争力评价指标体系应包含从外到内的不同层面份额。如第一层面即产业竞争力，第二层面是以市场份额及相关影响因素为内涵的竞争性结果因素，第三层面则是相关竞争性结果的进一步份额细化。如市场绩效及其变化指标共同组成市场份额指标，市场地位及其分散特征又共同组成市场绩效指标等。份额模型的核心，即将产业竞争力的判断指标及提升目标定位于市场份额的扩张。

份额模型与其他模型最大的不同在于，其所涉及的产业竞争力主要关注门类层面，主要研究产业内外部因素对产业竞争优势的影响机制，拥有着更加具体、细致的讨论指标，这无疑在执行层面具有更强的操作意义。另一方面，其不足在于仅关注了静态的市场份额指标，对其他诸如产业文化建设、产业体制创新、产业人才培训等要素考虑不足。要想在数字经济时代有更强的应用价值，则还需要进一步丰富模型指标内容。

国内较多学者采用市场份额模型，从不同角度对我国产业竞争力展开了深入研究。汪琦（2005）采用固定市场份额模型将我国1998年到2003年间对美国、日本、欧洲市场的出口增长分解成特定市场进口增长效应、出口产品结构效应和产业竞争力效应等不同因素的影响，实证研究了我国产业间由于竞争优势的不同，而出现的对出口增长的贡献差异及相应带来的问题。闫亮等人（2012）运用市场份额模型对2000年至2011年中国对美国高科技产业产品的出口数据进行实证分析，研究了各类高科技产业竞争力变化的原因及其发展趋势。彭虹（2014）采用市场份额模型对2004年至2016年中国食用菌出口数据进行实证分析，发现中国食用菌的出口在很大程度上受到国际食用菌进口需求、食用菌产业竞争力的影响；鲜货盐水腌制品和干品的整体竞争力提升是促进其出口增长的主要原因。还有一部分学者基于市场份额模型对我国陶瓷业的竞争力（桂拉旦，2009）及碳排放交易对产业竞争力的影响（赵勇，2012）进行了深入研究。

第三节 数字创意产业的相关理论

一、数字经济理论

数字创意产业是构成数字经济的重要产业之一，对数字经济理论的梳理有助于理解数字创意产业的内涵、特征、理论基础。数字经济的概念由"数字经济之父"美国经济学家唐·塔普斯科特于1996年所著的《范式的转变：信息技术的前景》（*Paradigm Shift:The New Promise of Information Technology*）中最先提出。20世纪90年代，美国商务部官方公开采纳"数字经济"的名称，至此，全球范围内数字经济开始蓬勃发展，在促进国民经济方面发挥了重要作用。这一新兴经济引起了学者们的研究兴趣，Greenan 等人（2005）从微观和宏观两个层面探讨了计算机对经济的影响，信息和通信技术对推动美国经济增长和就业的作用，以及美国和欧洲的熟练工人和非熟练工人之间的工资不平等现象。Coyle（1994）研究了数字经济背景下企业管理战略的调整和优化策略。Brynjolfsson（2003）基于图书在线销售案例，重点分析探讨了数字经济中的消费者剩余问题。

数字经济对于增加社会福利、促进产业优化升级、实现经济高质量发展具有重要的意义，目前我国学者关于数字经济的研究主要围绕如何推动数字经济健康快速发展来展开。赵星（2016）认为由于数字经济具有虚拟性与抽象性等特征，使得许多经济学理论的解释力受限，如何在已有理论上拓展研究数字经济是一个重大课题，因此他提出了要努力推进"网络强国战略""国家大数据战略""智能制造战略"三大战略，帮扶数字产业的发展，加快数字政府建设，推进数字经济发展。蓝庆新等人（2018）认为必须依据数字经济所独有的特性，制定与当前数字时代的形势和要求相适应的发展模式、发展道路及发展战略。

整体而言，现有数字经济理论聚焦于三个方向：一是在新时代背景下基于数字经济理论研究探讨有限理性行为的新特征，以及基于政治经济学角度研究数字经济的规模效应成因和融合传统产业等问题；二是重点关注数字经济的应用研究，如张明喜等人（2019）分析区块链的金融科技特征和相关理论应用研究，以及数字经济与现代产业体系的交互影响等；三是数字经济测度与政策分析的研究方向（谢康，2019），如 1998 年至 2000 年美国商务部的数字经济报告、2012 年经济合作与发展组织（OECD）的互联网经济展望等。

二、产业融合理论

随着不同产业各自的快速发展，交叉产业、融合产业越来越受到研究者们的关注。各国学者对产业融合的研究视角多元、内涵丰富，相关表述虽不尽相同，但基本都是从融合动力、融合条件、融合内容和融合结果加以阐述。总体而言，产业融合指的是随着现代技术的发展，不同行业领域的技术、业务、市场、资本相互融合，通过强大的信息整合，以更加突出的优势由某一主体行业向其他行业延伸扩散，最终导致不同产业之间边界模糊化、缩减化，不同企业之间竞争与合作并存，并逐步产生出新兴产业或企业的现象过程（厉无畏，2002）。在创意产品生产过程中，要求企业组织内部建立互信和共享目标的团队（张筱荣，2018）。产业融合是企业适应当代市场竞争日益加剧与技术发展趋向密集型的必然要求，而产生的新型经济性运营组织结构，表现为生产经营能力、企业管理力量和资源有效利用率等的提高（周振华，2002）。

　　促使产业融合的驱动因素较多。首先，现代技术的变革与信息技术构建的基础设施是产业融合得以发生的基础，直接导致不同组织之间的业务能力不断分化与聚合，为产业融合的发生带来了可能性与必要性，促进产业融合的实现（张进良，2019）。其次，政策壁垒的突破与产业边界的模糊化是产业融合发生的外部条件。产业融合发生的内在要求需要更加创新的政策监管，而政策壁垒的突破与产业边界的模糊化正好为产业融合提供了制度的可能性。再次，多元化的客户需求满足了产业融合发生的市场需要。经济的高速发展与收入水平的提升，促使人们对生活品质与消费需求的提升，人们的需求更倾向全方位、多元化、高品质的整体性需求，这促使相关行业不得不选择强强联合与彼此合作，才能有机会在市场中脱颖而出。最后，企业间的竞争日益加剧与业务范围的扩张是促使产业融合的内在动因。企业的长期发展需要持续稳定的技术创新与业务创新，为了能在激烈的竞争中获得一席之地，企业之间不得不选择扩大业务范围、加强彼此合作、开展多元化经营，充分利用业务融合、市场融合来获得成长空间，进而促进了产业融合的发生。

　　产业融合势不可当，针对不同的行业情况，产业融合的具体方式主要包含四种：一是由高新技术产业向传统产业进行技术渗透而带来的产业融合，如超媒介叙事通过媒体特质设计和叙述故事达到吸引受众的目的（邹文兵，2018；郑保章，2018），以交叉能动带来大于传统单一叙事的参与式感官体验创造新的价值（胡鹏林，2018）；二是由具有不同优势的两个产业之间，通过相互补充与渗透而带来的产业融合，如"超级IP"互通融合强内容体和强自流量体，形成具有商业价值的品牌符号和互相融合的逻辑生态链，将两者的价值不断放大和变现（江雪华，2018；张宁，2018）；三是由产业内部重组、并购、整合等所带来的产业融合，如谷歌为了使新产品有应用场景，于2017年与数十家大型企业达成合作，聚焦产品应用场景，推出新一代谷歌眼镜，使这款产品占据了市场（郭璐，2019）；四是由新兴产业与传统产业通过有机整合而带来的产业融合，在未来"5G+VR+AI"将颠覆传统产业商业模式，智能机器人将取代机械性劳动，解放人力劳动力（陈颖，2018；谢治菊，2019），而"5G+区块链"也将通过重塑虚拟现实产业链的融合创新，以低成本、超高速改变区块链的效率弱势，加快提升行业竞争力（陈端，2019；黄新焕，2018）。无论哪一种具体的融合方式，产业融合的发生在一定程度上都同时有利于传统产业的升级与新兴产业的快速发展，既能促进传统业务的改造，也能促进新产品的推出，为消费者提供多元化的选择，还能显著地增强市场竞争所带来的竞争性效应，进而对整个经济社会方方面面的发展产生重大影响，新时代数字创意产业融合发展对于加快推动供给侧结构性改革和提升科技创新能力有重大意义（周荣庭，2020）。

三、数字创意产业竞争力理论

数字创意产业竞争力包括数字创意企业生产和创新数字创意产品的能力，创新提高各种数字创意服务的能力和抢占市场份额获取利润的盈利能力。数字创意产业竞争力具有与一般传统产业（汽车业、餐饮业等）竞争力相同的特征，同时还具有传承人类文明、普及科学技术和人文知识、传播正能量等方面的异质性（赵继新，2014）。

数字创意产业竞争力是各种分力的耦合，是微观层次企业竞争力、中观层次产业竞争力和宏观层次国家竞争力的系统耦合（赵倩，2015）。在该层次系统里，数字创意企业竞争力由微观向宏观的传递过程中，由产业里企业竞争力的集聚效应和数字创意产业与其他产业乘数效应累积叠加而形成竞争力；而数字创意产业竞争力在由宏观向微观传递时，表现出显著的交叉和融合效应（张晓明，2017；张泽一，2009）。

数字创意产业竞争力表现形式具有多元化特征。基于投入产出的视角，数字创意产业竞争力表现为投入最小化的同时效益最大化（张振翼，2018）；基于市场占有率的视角，数字创意产业竞争力表现为不论是在国内市场还是在国际市场所占市场份额越来越大（余从刚，2016）；基于内部结构的视角，数字创意产业竞争力表现为各种生产要素得到科学合理配置（阮南燕，2010）；基于精神需求的视角，数字创意产业竞争力表现为公众所需求的数字创意产品丰富化，激发企业的创造能力和动机，传播与输出具有本国文化特征的价值观；基于产业结构的视角，数字创意产业交叉融合多个产业，综合各个产业的竞争力（潘道远，2018）。

1. 数字创意产业竞争力的要素基础

构成数字创意产业竞争力的要素基础，主要是基于波特钻石模型理论。该模型从生产要素、文化需求条件、相关产业、企业战略四个方面做了针对数字创意产业的细化。具体表现为：第一，数字创意产业以产出科技文化知识为核心，其生产要素主要来源于高级人力资源、信息资源等专业生产要素，即知识资源（花建，2005）；第二，数字创意产业作为以文化需求为导向的产业，其需求条件主要来源于娱乐、参与、体验、时尚等精神文化消费需要，即文化需求；第三，数字创意产业作为新兴融合性产业，同样需要相关产业及支持产业的共同协作，因此保留该维度仍称为产业相关性；第四，数字创意产业以创新文化内容和服务作为市场核心竞争力与企业战略目标，其企业战略及市场竞争力在战略结构、同行竞争上，即文化企业（花建，2006）。基于此，最终将数字创意产业竞争力的要素基础形成了文化创意产业的竞争力分析模型，并将各个维度细化为具体指标（王颖，2007），如表 1.3 所示。

表 1.3　数字创意产业钻石模型研究框架

要素与变量	研究内容	指标细化
知识资源	人才结构	人才数量结构
		人才学历结构
		人才专业结构
	知识结构	必需的专业知识和技能
		专业知识的获取方式
文化需求	文化消费支出	特定消费人群用于文化消费的资金数量和在消费中的比例
		特定消费人群用于文化消费的时间量
	文化消费偏好	特定消费人群文化消费的种类
		特定消费人群对文化内容的偏好
	文化产品选择	影响消费者选择文化产品的主要因素
		消费者接触文化产品的主要渠道
创意设计企业	创意设计力	三力模型
	影响力	
	文化资本转换力	
相关支持产业	产业链	选定样本企业的产业链位置及上下游产业关系
		选定样本企业对其他产业的依赖与贡献
	产业融合	选定样本产业类型中不同产业的融合程度
		基于产业融合的新型文化产业业态
	数字创意产业园区	园区与产业集聚效应

续表

要素与变量	研究内容	指标细化
政府	产业政策	文化产业政策体系
		产业扶持政策及其效率
	公共服务	基础设施和基本建设投入
		知识支持体系
	市场管理	公共服务平台
		生产和交易规范管理

2. 数字创意产业竞争力的影响因素

学者们不仅研究了数字创意产业竞争力的形成因素，还研究了影响其发展的相关因素。除了相关理论模型中所提及的不同维度的因素，企业的创新能力、产业的集聚程度同样能对数字创意产业竞争力产生深远的影响。李季真（2016）通过评价京、津、冀三省市数字创意产业竞争力，发现显著影响数字创意产业竞争力的因素包括数字创意产业资源、数字创意产业市场需求、当地经济实力、数字产业内容创新和产业政策等。

李媛媛（2013）在研究湖北省数字创意产业竞争力时，发现数字创意产业资源、产业创新和投融资、市场需求、经济基础设施、相关产业等是影响产业竞争力的主要因素。刘慧（2017）在研究中国数字创意产业竞争力时指出，产业自身以市场拓展能力与创新能力为体现的成长能力、以成本控制能力为体现的产业效率、以产业资源集中度为体现的产业集聚、以文化政策为体现的外部环境支撑力，是影响我国数字创意产业竞争力的四大核心要素。

□ **本章小结**

提升产业竞争力对于一国经济发展和人民福祉提高都具有重要的意义。关于产业竞争力的研究一直以来都是国内外学者关注的热点话题，目前国内外学者对产业竞争力进行了许多深入系统的研究，成果已非常丰硕，形成了比较优势理论、波特竞争力理论和价值链理论。迈克尔·波特通过构建钻石模型，基于比较优势理论提出竞争力理论，形成系统研究产业竞争力的理论框架。目前，比较优势理论和钻石模型已成为学者们研究传统产业竞争力的常用理论方法。之后，众多学者放宽钻石模型的经典假设，加入政府行为、国际影响因素等进行拓展，形成了一系列的拓展模型，丰富了

□ **本章小结**　产业竞争力的研究。

数字创意产业是我国新兴战略性产业，研究其竞争力的形成及影响因素，对于提升我国产业国际竞争力和促进产业结构转型具有重要意义。然而截至目前，鲜有学者对数字创意产业竞争力进行深入系统的研究。上述产业竞争力的经典理论为数字创意产业竞争力的研究提供了理论基础和可借鉴拓展的研究方法。基于我国数字创意产业的特征，在已有的研究上进行拓展，构建符合我国实际的数字创意产业竞争力的评价模型，研究我国数字创意产业的影响因素及机理，为我国数字创意产业竞争力提升提供理论参考，亦丰富了产业竞争力的相关研究。

第二章

国内外数字创意产业发展现状与未来趋势

近年来，数字信息技术高速迅猛发展，数字创意产业作为跨界融合的新兴产业，有机融合了互联网、人工智能制造、艺术设计等产业，成为当今发达国家经济体的支柱性产业。从整体规模和产值来看，世界数字创意产业的发展并不均衡，主要集中在以下几个区域：以美国为核心的北美地区，占世界市场总额的43%；以英国为核心的欧洲地区，占世界市场总额的34%；以中、日、韩为核心的亚洲地区，占世界市场总额的19%。本章通过深入分析国外发达国家的数字创意产业的发展，对比我国数字创意产业发展现状和特征，提炼我国数字创意产业持续发展中存在的不足，并进一步梳理美国、英国、韩国和日本等典型数字创意产业发达国家的成功发展经验，为我国数字创意产业的发展提供借鉴。

第一节　国外数字创意产业发展概况与经验总结

一、国外数字创意产业发展概况

1. 美国数字创意产业发展概况

在美国，数字创意产业主要以电影、娱乐、艺术为主导，将数字创意产业依照版权产业的方法分类为部分版权、非专门支持版权、核心版权和交叉版权四类产业。为规范版权市场，美国政府采取一系列法律政策举措规范版权市场：行政上，美国成立了许多行政机构，如科技局、版权办公室等专门负责保护版权业务的行政组织机构；法律上，美国政府颁布一系列法律法规保护创意产业版权，诸如《版权法》《电子盗版禁止法》《跨世纪数字版权法》等；资金上，鼓励投资主体和资产来源多样化，鼓励政府、企业、基金等采用直接股份投资来发展数字创意企业。总之，美国政府充分发挥市场的作用发展创意产业，政府职责定位在为数字创意产业的发展营造良好的市场环境和社会制度环境。

美国创意产业的权威统计数据是由民间组织国际知识产权联盟（International Intellectual Property Alliance，IIPA）公布，该组织的宗旨是提高版权保护和完善海外企业公正和公平的市场准入准则。2016年底，IIPA公布的《美国经济中的版权产业：2016年度报告》指出，美国数字创意产业的经济贡献度已超过了处在全球领导地位的金融行业，产业增加值达2.1万亿美元，其中核心版权产业、部分版权产业、交叉版权产业、版权相关产业的产值分别高达12356亿美元、380亿美元、

4070 亿美元、4166 亿美元，见图 2.1。同时，美国数字创意产业的就业贡献率接近 8%，GDP 贡献率也接近 8%，已成为美国重要的经济支柱性产业之一。就增长速度而言，美国核心版权产业和全体版权产业在 2014 年、2015 年和 2016 年的年均增速分别为 5.23%、4.26% 和 4.12%，核心版权产业的增速尤为显著，高于美国 GDP 年均增速。2017 年美国版权产业产值占 GDP 比重为 11.59%，其增加值已超过 2.2 万亿美元，其中核心版权产业在版权产业中处于绝对主导地位，产值超过 1.3 万亿美元。2017 年，版权行业雇员占美国所有雇员的 7.87%，已超过 1160 万名工人。

美国在内容环节和技术环节上有一大批企业，处在数字创意产业链的上游，将可能引领全球数字技术的发展方向。完备的版权保护法律、严格的执行环境及开放的市场，进一步提高了美国数字创意产业对经济增长和出口的贡献率，也为数字创意产业提供持续发展的制度环境。

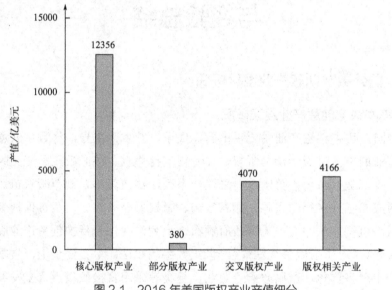

图 2.1　2016 年美国版权产业产值细分

2. 英国数字创意产业发展概况

英国的文化创意产业一直位居世界领先，以多彩的创意和活跃的创新氛围为特征，内容主要包括建筑广告、艺术品设计、影视、广播、出版等，在世界数字创意产业的发展中起到领头羊的作用。

在经济贡献方面，英国数字化、文化、媒体和体育部（Department for Digital, Culture, Media and Sport, DCMS）的权威数据显示，从 2010 年到 2016 年 6 年间，英国创意产业增长率高达 44.8%，是英国年均 GDP 增长速度的 2 倍，数字创意产业产值位居全球首位，占英国 GDP 比重为 8%，实现了爆炸式增长。2016 年，英国创意产业年增长率为 7.6%，总体产值高达 918 亿英镑。其中，电影与电视业、信息技术与软件游戏开发、出版业、广告业、音乐艺术和文化业、建筑业、设计时尚业、工艺业的产值分别高达 153.6 亿英镑、347.0 亿英镑、116.2 亿英镑、123.1 亿英镑、82.4 亿英镑、42.0 亿英镑、35.4 亿英镑、4.2 亿英镑。在就业方面，创意产业为英国提供将近 304 万个工作岗位，就业贡献率达 10%，年均增长率为 5%。

英国创意产业的发展过程具有如下几个特征。一是管理创意产业的政府部门分工明确，中央政府在管理数字创意产业时发挥纵向管理作用，而地方政府与非政府部门负责横向管理。二是充分发挥个体的能动性，英国政府不直接参与创意产业的发展，而是制定相关政策，由政府、社会和产业自身以"三三制"的形式筹资促进产业的形成和发展。三是组织管理中突出"融合"的思想，从英国数字化、文化、媒体和体育部（DCMS）的发展历史来看，其从 1992 年的分散于艺术部的 6 部门融合为一处，到 2017 年的融数字、文化、传媒和体育部为一处，可以看出这个特点。

随着数字创意产业在英国的迅猛发展，英国政府计划成立一个专门服务数字创意产业投资发展的管理委员会，预计 2023 年英国创意产业的出口产值增加50%。英国 DCMS 大臣马特·汉考克将数字创意产业作为战略性产业，认为数字创意产业是未来带动英国"经济和文化的动力"，计划使英国在这一领域的国际竞争中保持优势领先地位，确保英国将来发展成一个数字创意经济主导的创新型国家。英国 2016 年文化创意产业的产值细分图见图 2.2。

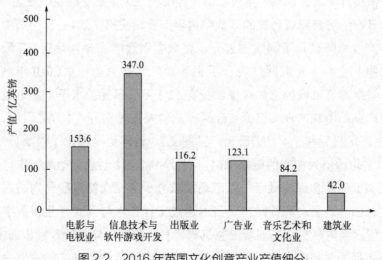

图 2.2　2016 年英国文化创意产业产值细分

3. 韩国数字创意产业发展概况

韩国以"文化立国",非常注重数字文化产业的推广和拓展,内容涉及广告、出版、游戏、动漫、音乐、电影等11个产业,电子游戏、音乐影视和工业设计等文化创意相关产业发展迅速,取得了非常瞩目的成果。

根据韩国文化振兴院发布的权威数据显示,韩国文化创意产业在2017年的市场总规模为110.5万亿韩元,同比增长4.7%,增长速度高于2016年韩国GDP的增速3.1%,从近5年整个文化产业平均增速来看,数字创意产业的增长速度非常迅猛。韩国文化创意产业消费结构呈均衡态势,各产业均衡发展,按规模排列依次为出版业、广电业、广告业、知识信息业、游戏行业、形象产业,对应的市值分别为20.8万亿韩元、17.9万亿韩元、15.6万亿韩元、14.7万亿韩元、12.3万亿韩元、11.6万亿韩元。

韩国政府于2013年发布《扩大文化创意前进海外方案》,以实现其文化创新强国的夙愿,该法案的内容主要包括:分区域研究分析受众市场,增强出口文化创新国际竞争力,积极建设好海外支援基础设施,以及加大产业互惠交流合作的力度。2017年韩国文化创意产业出口产值总额同比增长14.6%,高达68.9亿美元。其中,游戏产业占比高达56.7%,超过创意产业出口总额的一半,该产业成为带动韩国文化产品出口增长的主要支柱性产业。

4. 日本数字创意产业发展概况

日本作为全球动漫市场的领头羊,政府非常重视文化软实力的提升,并将之作为国家战略。日本的数字内容产业发达,是世界制作和输出动漫内容最多的国家,动漫作品占全球的60%,是日本国民经济的三大主要支柱性产业之一。

在由日本经济产业省刊发的《数字内容产业白皮书(2016)》一书中,日本对数字创意产业范畴进行了细致的划分,将数字创意产业分为音乐/音频、游戏影像、图书报刊出版、互联网广告和手机移动广告五大类。从2010年到2016年,日本国内数字内容市场的总体规模维持在12.3万亿日元的水平,其中视频传播产业、出版产业、游戏产业和音乐/音频产业的规模分别为4.4万亿日元、3.6万亿日元、1.9万亿日元和1.4万亿日元,见图2.3。日本更是推出了"酷日本"(Cool Japan)以文化输出为核心的国家战略,该战略将文化创意、动漫制作等产业与日本的文化和价值观念深度融合,以市场需求分析和受众特点研究为切入点,推动日本的文化创意产品向海外输出。日本通过文化艺术与商业产业和数字技术创新相融合,依靠其内在文化的创新发展机制,利用数字媒体创新营销传播推广方式,同时不断加强外部制度和市场环境建设,逐步实现其产业以文化输出为核心,在国际上树立优良产品质量形象的战略竞争目标，这给日本经济社会发展带来了巨大的社会价值。

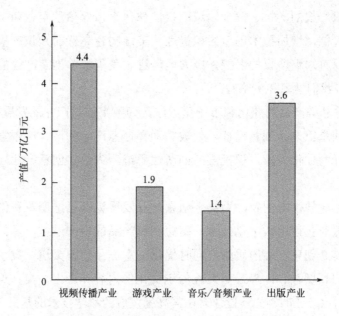

图 2.3　2016 年日本数字内容产业产值细分

二、国外数字创意产业发展的经验借鉴

综观美国、英国、韩国和日本等国的数字创意产业发展，值得我国借鉴的是这些国家通过政府引导、技术和内容创新及企业参与等方式，积极发展数字创意产业，形成了完善的具有较强国际竞争力和民族特色的数字创意产业链体系。我国可通过借鉴这些成功的发展经验，挖掘我国数字创意产业的特征和五千年中华文化优势，重点突破数字创意产业发展瓶颈，使我国跻身于数字创意高端产业链，促进数字创意产业的集群式、井喷式发展。具体来说，以下这些经验对我国数字创意产业的发展有一定的参考价值。

政府积极的政策引导，为数字创意产业的发展提供了政策支持。美国、英国、日本、韩国等国都出台了相关政策文件，对数字创意产业进行积极的培育和扶持，日本甚至将发展数字创意产业提升至国家战略层面。原因在于，发展数字创意产业已然成为当前国际竞争日益激烈的环境下，转变经济发展方式、提高创新产品质量和国家竞争力的重要手段。因此，有必要成立专门机构从战略层面上统一指导和协调管理，高度重视，积极引导数字创意产业可持续发展。

制定保护知识产权的政策法规，为数字创意产业的健康稳定发展营造良好的法治环境。数字创意产业以数字技术和文化传统产业为核心，其可持续发展的关键在于对知识产权的保护，健全知识产权法律体系，保障了企业和个人的创造性劳动的合法权益，增加技术创新的积极性。美国构建完善的知识产权法律法规体系，非常重视对知识产权的保护，极大地促进了美国数字创意产业的迅猛高速发展，这是值得我们学习和借鉴的。

创意自主品牌产品商业化和市场化运作，为数字创意产业的发展提供了动力。日本从动漫创意策划、创意设计，到数字动漫创意产品生产、广告宣传，为产品在市场中做好商业化保障，积极发挥创新性思维，为数字创意产业发展提供了坚强后盾。

鼓励数字科学技术创新，为数字创意产业发展提供思维变革和创新的动力源泉。数字创意产业运用数字化技术，缩短创意产品的生产过程，降低创意产品的生产成本，提高创意产品的质量，同时优化创意产品销售渠道。数字创意产业是科技与文化的高度融合，提升与突破传统文化的内容和产出，美、英等西方发达国家的数字创意产业的领先地位建立在其高度发展的科学技术的基础上。

完善数字创意人才培养激励机制，保障产业发展的人才储备。美、英等数字创意产业发达的国家非常重视培养和引进技术人才，并为高端创意技术人才搭建发展平台，为人才培养和引进营造良好的社会氛围和强力的政策保障等。数字创意取决于人的创造力、技术技能等，创意产业发展的关键核心是科技创意人才，诸多数字创意产业发达的国家不断构建完善数字创意人才培养激励机制，他们的数字创意产业竞争优势的确立都是建立在数字创意人才资源上的。

这些数字创意产业发达国家的成功经验告诉我们：形成具有较强国际竞争力和完善的民族特色数字创意产业链体系尤为重要，如注重细分行业、核心技术、周边领域，积极促进我国数字创意产业的集群式、井喷式发展。

第二节　我国数字创意产业发展现状

一、我国数字创意产业的行业细分

2017年1月，国家发展和改革委员会发布了《战略性新兴产业重点产品和服务指导目录》，旨在引导社会资源的有效配置，实现我国经济的高质量发展。该文件确立了数字创意产业的三个重点发展方向，分别为数字创意与相关产业融合应用服务、文化创意和设计服务，为数字创意产业的发展指明了方向。其中，数字文化创意主要包含数字文化创意技术装备、软件、内容制作及应用服务等；设计服务主要包含工业、人居环境和其他专业的设计服务；数字创意与相关产业融合应用服务主要将数字创意应用到教育、医疗、旅游等领域，形成新的业态，升级传统产业。

国家统计局提出的《新产业新业态新商业模式统计分类（2018）》，科学定义了先进制造业、"互联网＋"和创新创业等新业态、新产业、新商业模式范围。其中数字内容设计与制作服务和文化娱乐服务被纳入新业态、新产业，具体地细化了数字创意产业包含的产品和服务类别，为规范测算数字创意产业结构构成、发展速度和规模提供了政策支持，极大地促进了数字创意产业形成完整的产业链和产业结构。具体而言，数字内容设计与制作服务包含地理信息加工、数字内容设计、数字动漫制作和数字游戏制作等数字产业方面的服务；文化娱乐服务包含数字广播影视及视听内容服务、网络出版服务、数字化娱乐服务、数字创意与融合服务等。

我国数字创意产业近年来总体上处于较好的发展势头。根据国家信息中心《2018年一季度战略性新兴产业重点企业景气调查报告》，数字创意细分领域两极分化态势日渐凸显。信息流广告的推出解决了在线阅读发展的导流问题，极大地促进了视频平台（景气指数为175）、网络文学（景气指数为180）和直播平台（景气指数为150）等数字创意龙头产业的健康快速发展，这些行业都处在景气较强区间，指数均超过150。而数字创意产业某些领域，如影视摄制（景气指数为94.1）、广告设计（景气指数为85.7）等行业景气指数普遍较低，均低于景气指数临界值100。

目前，我国数字创意产业所涉及的交叉领域主要涵盖文化与博物业、体育与健康业、人居环境设计业、旅游产业、设计产业、数字文化装备业、数字出版业、动漫与游戏业、影视传媒行业等，相关内容包括数字文化创意的新内容制作、新服务设计、新技术装备等，同时还尽可能向其他直接或间接相关的产业部门渗透扩散，以期在各领域均创造出新的应用业态。

在我国，数字创意产业已成为一个以数字化科学技术和艺术化文化标志为输入、以经济型商业价值和多元化文化影响为输出的综合系统。相比于其他传统产业，数字创意产业充分融合了数字内容与数字技术，从用户需求出发，囊括了对文化内容、创意服务的有效生产与输出，同时也涵盖了对相关软硬件实体的产品类输出，具有典型的商业性和文化性的双重价值效应。产品实体和内容软体两类输出反映了数字创意产业的两条发展主线：一条是网络化背景下的数字技术产业的发展线，充分体现出数字技术对创意内容的生产与传播所发挥的技术性价值；另一条则是以影视、数字出版、动漫游戏等为代表的文化创意产业的发展线，以创意为核心生产力，并贯穿创意元素于整个产业链。作为国家新兴战略性产业之一，数字创意产业虽在产业链发展和产业结构的完善上有待提升，但无疑已对国家的经济发展、文化推广、社会进步发挥了重要的作用。

二、我国部分数字创意产业细分行业的发展

"互联网+"中华文明行动计划活动和文化创意产品扶持计划活动，极大地促进了我国的数字创意产业的发展，打造了文化创意、内容创作和版权利用等领域的大量优秀数字创意产品。

1. 文化创意产品

2016 年 5 月，文化部及国家文物局等部门发布了《关于推动文化文物单位文化创意产品开发的若干意见》，有力地推动了数字创意产业的快速发展。在该文件精神的指导下，文化创意和设计服务业的产值规模发展速度迅猛，仅 2017 年的产值就超过 11891 亿元。其中，北京故宫博物院、苏州博物馆和上海博物馆的文化创意产品分别实现了 10 亿元、1400 多万元和 3862 万元的销售额。

2. 网络文学

近年来，我国不断完善数字内容版权制度，这为网络文学行业发展提供了良好的制度环境。2017 年，网络文学行业在原创内容扶持和听书业务方面取得了长足的进步，市场规模达 127.6 亿元，同比增速为 32.1%，用户规模占全国网民总数的 48.9%，达 3.78 亿人。2017 年，网络文学手机用户规模比 2016 年增加了 3975 万人，占手机网民总数的 45.6%，共 3.44 亿人次。

3. 网络游戏

2017 年，国内网络游戏行业在海外市场精品游戏开发、用户游戏类型偏好改变和行业规范化方面得到了极大的提升，营收规模呈现高速增长态势，营业规模实现销售收入高达 2036.1 亿元，比 2016 年同比增长了 23.0%；用户规模占网民总体的 57.2%，达 4.42 亿人，比 2016 年增加 2457 万人。网络游戏手机用户规模占手机网民总数的 54.1%，达 4.07 亿人，比 2016 年同比增加 5544 万人。

4. 网络动漫

中国动漫产业随着二次元消费者的增加，取得了巨大的发展空间和机会。2017 年，我国动漫产业自制了多达 21 部的高质量作品，这些动漫产品的消费群体主要面向儿童，总播放量达到了 57 亿次，极大地促进了中国动漫市场的健康快速发展。

然而市场仍缺乏亿级播放量以上的优质动漫产品。我国网络动漫产业规模在 2017 年的产值占文娱总产值的 24%，逾 1500 亿元，用户总数更是达 3.1 亿人，比 2016 年同比增长 14.8%。2017 年网络视频平台重点发展了版权内容与优质自制内容，并与漫画、游戏等相关行业积极联动，发挥生态化平台的整体协同合作能力，最大化平台的商业价值，实现行业规模 900 亿元，用户总数占网民总体的 75%，高达 5.79 亿人，比 2016 年增加 3437 万人。

三、我国数字创意产业发展的核心技术

1. 数字创意技术装备

现代化的移动互联网、人工智能、云计算、大数据等新型数字技术，为文化内容创作和设计创新提供了技术支持和可实现的方法，对于数字创意产业的发展起着关键的推动作用。数字创意产业应用超高清、VR、大数据和人工智能等前沿数字技术，改变消费者对传统文化的消费习惯，使得近年来电子消费终端市场繁荣、稳定、快速发展。2017 年中国 4K 电视机占全球总量的 42%，产量达 3300 万台。根据《超高清视频产业发展行动计划（2019—2022 年）》的数据，2022 年 4K 超高清电视机发展成熟且全面普及，8K 超清电视渗透率不断提高，销量占电视总销量的比例超过 5%。如 4K 电视对普通电视的"增量替换"一样，未来随着 8K 超高清电视价格的降低、技术的突破、普及率的不断提升，8K 超高清电视也将对 4K 电视进行存量替换。

VR 产业主要采用 VR 技术模拟三维动态景象，让用户体验虚拟场景中的视觉感受。近年来，VR 产业应用新型视觉技术，其发展已不断完善，预计未来其产值可实现长期稳步提升。目前，人工智能正处于向认知智能型发展的阶段，相关研究主要涉及自然语言处理、计算机视觉、机器学习等热门领域。

计算机视觉技术主要应用在安防影像分析领域，市场份额占比约为 67.9%，在广告营销、手机和其他互联网娱乐创新等领域有着广泛应用。语音市场采用自然语言处理技术，2017 年我国智能语音市场规模较 2016 年同比增长 70%，达到 105.7 亿元。机器学习市场在大数据集成、聚合和分析等新技术应用的推动下快速增长。根据《机器学习市场报告 2025》预计，到 2025 年，全球机器学习市场的价值将达到 967 亿美元。2019 年至 2025 年的年复合增长率为 43.8%。2022 年我国大数据产业规模达 1.57 万亿元，同比增长 18%，成为推动数字经济发展的重要力量，且我国大数据行业重点将大数据技术应用到计算数据处理服务和数据压缩存储服务等高端领域。

2. 创新设计

当前，人类社会面临严峻的能源资源压力、气候温室效应及要满足全世界多样化和个性化的市场需求等亟须解决的社会和科技问题，新能源、生物工程、新材料等新技术的应用，创新了解决这些疑难问题的价值理念设计，推动了社会的进步。我国在数字创意、装备制造等领域的创新设计能力取得了重大突破。为全面提高我国创新设计能力，《中国制造 2025》提出要完善支撑工业设计创新发展的体系，加快建设国家工业设计研究院平台的步伐，以有效带动建设省级工业设计研究院平台，为创新设计能力提供发展平台。工业和信息化部在 2018 年 7 月印发了《国家工业设计研究院创建工作指南》，这标志着我国正式启动国家工业设计研究院平台的创建。

四、我国数字创意产业的周边领域

文化部于 2017 年 4 月颁布《关于推动数字文化产业创新发展的指导意见》，明确鼓励大力发展数字文化产业，这促进了我国数字创意产业在近几年蓬勃迅猛发展。同时也带动了周边产业，如影视与传媒业、人居环境设计业、动漫与游戏业、文化与博物业、数字出版业、体育与健康业、VR/AR 等产业领域的快速发展。总的来说，我国数字创意产业的迅猛发展，对周边产业和经济社会发展产生着积极促进作用，为国民经济创造了巨大的价值。

第三节　我国数字创意产业存在的问题与发展趋势

一、我国数字创意产业发展存在的问题

近年来，中国数字创意产业面临着产业政策支持、传统产业优化升级和居民文化消费需求提高等多重发展机遇，加之物联网和智能化技术应用的推动，其发展具备了扎实的基础和强劲的势头。在当前新贸易保护主义和美国本土主义盛行的背景下，我国数字创意产业的发展仍然存在许多制约因素。结合当前我国数字创意产业的现状分析，我国数字创意产业发展主要有以下几个问题。

1. 支撑数字创意产业发展的自主技术创新不足

目前与我国数字创意产业匹配的科技研发服务、科技成果转化、知识产权和

技术专利交易等服务处在初步阶段，未建立完善的创新支撑体系，导致核心技术创新研发能力较弱，难以满足发展产业的需求。在技术创新研发方面，我国数字创意产业与美国等发达国家的数字创意产业之间存在巨大的差距，表现在我国缺少支撑数字创意产业的高端技术的自主知识产权。

2. 设计创新方面较为薄弱

我国的工业设计、工程设计、服务设计等各类设计领域在国际竞争中开始崛起，但创新水平仍然滞后于发达国家，表现在：学科间的协同创新激励不足，设计与产业的融合程度低，与国家重大战略需求不匹配；企业的自主原创设计和核心技术专利欠缺，重制造、轻研发的问题非常突出且严重；欠缺资源共享服务和设计成果转化的平台，导致知识溢出效应低，交易机制和体系不完善等问题是设计服务企业提升竞争力需要解决的主要矛盾。

3. 数字核心内容创新和国际竞争力不足

数字内容产业是构成我国国民经济的重要组成部分，形成了严密且庞大的产业链群，但其发展仍存在以下几个问题：中国传统文化博大精深，但数字化程度低，我国企业不能对传统文化内容进行创新，不能赋予新的现代内涵并带动其传播；知识产权的法律体系不完善，产权保护力度不足，未形成尊重创新设计的社会环境；在内容创意上缺乏数字创意精品，表现为文化内容品位和市场价值普遍偏低。

4. 行业内缺乏品牌支撑的龙头企业

国内世界 500 强企业腾讯和阿里巴巴等引领了国内数字创意企业的发展，在国内数字创意内容方面有较强的影响力，而在国际上仅腾讯在游戏领域具备一定竞争力。因此，推进数字创意产业发展必须依托技术创新水平高和实力强的龙头企业。

二、我国数字创意产业的发展趋势

"十三五"规划从数字创意技术装备、创新设计水平、数字内容创新、产业融合发展四个方面，对数字创意产业发展提出了全面规划部署要求和发展路径，旨在构建技术先进、文化引领、链条完整的数字创意产业整体布局。因此，这里将从发展路径和关键领域两个方面展望数字创意产业的前景。

1. 多维驱动下的总体发展路径

在创新驱动、文化强国、"一带一路"等国家发展理念的多维驱动下，数字创意产业在落实国家大方针政策的过程中，可实现自主的科学技术研究、数字内容和设计创新的协同发展。2017 年，数字创意产业增加值占 GDP 比重为 4.29%，逐步成为国民经济支柱性产业之一，发展前景光明。我国政府为进一步促进数字创意产业的发展，规划了面向 2035 年的"三步走"战略：2020 年至 2025 年，数字创意产业发展应实现重大突破，部分细分领域水平达到世界平均水平；2025 年至 2030 年，数字创意产业水平应整体与世界平均水平同步，部分细分领域位居世界领先；2030 年至 2035 年，我国数字创意产业成为世界数字创意产业的中心。

波士顿咨询公司（The Boston Consulting Group，BCG）发布了《迈向 2035：4 亿数字经济就业的未来》报告，报告称 2035 年中国整体数字经济规模预计超过100 万亿元人民币，数字经济渗透率将近 50%，就业总容量达 4.15 亿。并进一步基于产业演进的"产业生命周期理论"，对数字创意产业的产值规模进行了估计，发现 2020 年至 2035 年期间我国数字创意产业正处在萌芽期向成长期迈进的阶段。这表明我国数字创意产业的发展空间非常广阔，将超过和优于数字经济的发展趋势速度，见图 2.4。

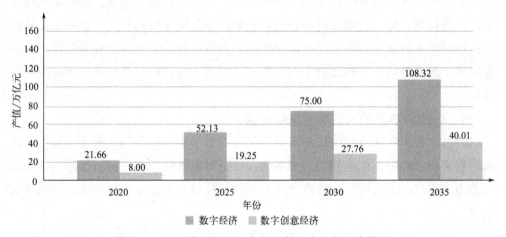

图 2.4　2020 年至 2035 年数字创意产业发展路线图

2. 以点带面的关键领域发展方向

长期以来，美国、英国等西方发达国家凭借知识产权垄断、市场和资本优势，在传统行业中占据了高附加值的高端产业链主导地位，而发展中国家长期处于低端产业链位置，获得的价值分配极低。我国必须在数字创意产业的发展关键领域取得突破，促进设计水平和数字内容创新力度的提高和产业融合发展，带动周边相关产业领域升级，跻身于全球价值链高端。具体包括：新一代人工智能技术改进数字创意技术装备，变革数字创意产业价值链和提升创造性体验，融合区块链技术推动数字创意产业发展；创新设计水平的发展产生先进理念，提升数字创意产业的技术装备和内容，助力相关产业优化转型升级和高质量发展；数字内容围绕创意内容创作和文化版权利用，提升核心内容领域的国际竞争力，最终依靠数字技术和先进理念助力数字创意和周边产业智能化和融合化发展，实现文化科技与相关产业的深度有机融合的局面。

 本章小结　　　本章首先基于美国、英国、韩国和日本等国数字创意产业的发展现状分析，总结了国外发达国家数字创意产业发展的成功经验，从政策扶持、版权建设、商业化的市场运作和创新人才培养机制等方面，为促进我国数字创意产业的发展提供了可借鉴的经验做法。其次，从行业细分、核心技术、周边领域及典型产业分层次逐步深入地分析了我国数字创意产业的现状，总体而言，我国数字创意产业具有良好的发展基础和发展势头，数字信息技术、云技术的高速发展亦为我国数字创意产业提供了多重机遇和挑战。本章结合我国数字创意产业的现状分析，进一步解析了制约我国数字创意产业发展的瓶颈，认为我国数字创意产业存在自主技术创新和设计创新方面较为薄弱，产业的国际竞争力不强，缺乏龙头企业和品牌支撑等问题。"十三五"规划实施以来，我国数字创意产业高速发展，逐步成为我国国民经济的重要支柱性产业之一。最后，从关键领域发展方向和总体发展路径两个方面对数字创意产业的发展前景进行了阐释。本章的内容为后续的研究提供了重要的现实基础。

第三章
数字创意产业竞争力的
形成机理分析

本章借鉴现有产业竞争力的评价理论与方法，结合数字创意产业发展的现状，从数字创意产业的生产驱动、创新驱动、市场驱动三个层面重点分析了数字创意产业竞争力的构成因素，将数字创意产业竞争力分为生产竞争力、创新竞争力和市场竞争力三个维度，提出了评价数字创意产业竞争力的"三力"模型，构建了评价数字创意产业竞争力的指标体系，并进一步从这三个维度探究我国数字创意产业竞争力的形成机理，为研究数字创意产业竞争力构建了一个多层次、多维度的理论分析框架。

第一节　数字创意产业竞争力影响因素的系统分析

一、数字创意产业竞争力影响因素的分析依据

第二章中提到产业竞争力是一个相对概念，体现为在相同条件下，同一产业相对于竞争对手所表现出的更优的竞争能力；其次，产业竞争力的比较范围有一定的局限性，其比较研究只能在贸易开放的国际市场和一定区域范围内才能展开。产业竞争力的影响因素是多方面的，呈现出综合性、动态性和层次性等特征。数字创意产业竞争力的影响因素较多，要分辨究竟哪些因素在数字创意产业竞争力形成过程中具有决定性作用，是一个非常复杂的课题。因为数字创意产业成长的不同阶段中，其决定性因素存在着较大的差别。从国内外现有的大量实证研究成果来看，数字创意产业竞争力诸多影响因素中，总有若干因素始终起着关键性作用。以此为基础，经过对理论与实证的综合分析，认为在分析数字创意产业竞争力的影响因素时应依据以下三个原则。

1. 内因、外因共同决定，以内因为主

从总体上看，数字创意产业竞争力的决定因素无非来自两个方面，一是数字创意产业内部条件，二是数字创意产业外部环境。根据马克思主义唯物辩证法关于内因和外因的辩证关系原理，内因决定着事物的本质，外因是事物发展变化的条件，外因通过内因而起作用。按照这一原理，在识别和分析数字创意产业竞争力的决定因素时，应当把影响数字创意产业竞争力的产业内部因素作为基本准则，因为产业内因是决定产业竞争力主要的自变量，产业外因只是次要的或辅助性的自变量。唯有如此，才能真正揭示数字创意产业竞争力的主要来源。

2. 竞争力"资产"与"过程"因素共同决定，以"过程"因素为主

世界经济论坛（World Economic Forum，WEF）和瑞士洛桑国际管理发展学院（International Institute for Management Development，IMD）从 20 世纪 80 年代起对国际竞争力进行了大量的理论与实证研究，在理论上总结出了关于竞争力决定因素的一般规律，这就是著名的"国际竞争力方程"。这一理论认为，竞争力 = 竞争力资产 × 竞争力过程。所谓"资产"是指固有的（如自然资源）或创造的（如基础设施）条件；所谓"过程"是指将资产转化为经济结果（如通过制造），然后通过国际化（在国际市场测量的结果）所产生的竞争力。按照这一定义，"竞争力资产"一般是天生的或人为创造的条件，是竞争力产生和提升的必要基础。"竞争力过程"是一种将资产转换为竞争能力的主要驱动力，在竞争力形成中起着主导性作用。如果光有"资产"条件，而"过程"条件太弱，是不可能产生竞争力的。因此，在分析数字创意产业竞争力的决定因素时，要充分重视数字创意竞争力"资产"因素的作用，更重要的是要把数字创意竞争力"过程"因素置于更为突出的位置。

3. 突出产业内企业因素的关键性作用

数字创意企业及其产品是数字创意产业竞争力的载体，数字创意企业及其产品的竞争力决定着所在数字创意产业的竞争力，数字创意产业竞争力只是数字创意企业竞争力的综合体现。因此，分析数字创意产业竞争力的决定因素的立足点应当放在企业层面，如企业的发展战略、经营规模、管理方式与水平、组织结构等，这些因素对数字创意企业及产业竞争力的形成均具有举足轻重的影响。

二、数字创意产业竞争力的基础因素分析

数字创意产业竞争力的基础因素是指影响数字创意产业的基本要素，主要包括网络基础设施、资金资源、人力资源、文化资源等因素。

数字创意产业的网络基础设施包括通信设施、网络环境、电力等数字创意产业所必需的条件。这是数字创意产业形成与发展的必备前提，也是基本保障。数字创意产业竞争力的优化提升，如果没有相应完善的信息基础设施与之相配套，其根本目标就不可能得以实现。

资金资源获取的难易程度和丰裕程度决定着对数字创意产业的投资能力。数字创意产业竞争力离不开资金供给，其产业的提升发展需要大量的资金扶持和科学有效的资本运作。没有充裕的资金支持，数字创意企业难以生存，数字创意技术研发水平也不可能迅速提高，数字创意产业规模更不可能发展扩大，故而难以

形成较强的产业竞争力。

人力资源的科学配置对产业竞争力的形成有着极其重要的意义。数字创意产业是以文化内容创意为核心，依托数字高新技术进行创作设计、生产、传播与服务的新兴产业。数字高新技术人才既是数字创意企业发展的主体，也是数字创意产业发展的原动力。与传统产业倚重物质资源和能源等要素不同，数字创意产业的发展最重要的因素是富有创新意识、创意精神、创造能力的人力资源。

文化资源是数字创意企业策划内容创意的素材和源泉，也是数字创意产品创作生产的资源，它以精神状态为主要存在形式，具体表现为一个国家或地区在长期历史发展中所形成的共同的价值观念、民族精神、伦理道德、文化传统、风俗习惯等内容。文化资源是数字创意从业者从事创作设计和生产服务的必备条件，也是实现数字创意产业竞争优势可持续发展的战略性资源。数字创意产业对文化资源具有高度的依赖性。丰富的文化资源能在很大程度上促进数字创意产业的繁荣发展，而数字创意产业的繁荣发展又会带来各类文化产品与服务供给的丰富与多样化，促进文化的繁荣发展和广泛传播。

三、数字创意产业竞争力的核心因素分析

数字创意产业竞争力的核心因素不是来自其产业外部的力量，而是存在于其产业内部。数字创意产业竞争力的核心因素是指在数字创意产业竞争力形成中起关键作用的各种因素聚合，主要包括科技创新、企业素质和产业组织结构等。

科技创新是数字创意产业竞争力形成的关键核心因素。Schumpeter（1942）、Solow（1956）、Swan（1956）、Romer（1986）和 Lucas（1988）等经济学家对此做了大量的研究。20 世纪 80 年代以来形成的新经济增长理论认为，科技创新是经济增长的主要因素。在数字创意产业竞争力的形成过程中，科技创新是十分关键的因素。一直以来，科技创新深刻影响着人类的生活方式和思维方式，不断提高人类认识自然、顺应自然、改造自然和利用自然的能力水平，丰富人类的精神世界与知识体系，给社会生产方式、全球竞争格局带来了重大变革，而且从文化的内容、形态、传播与影响等各个方面，不断推动数字创意的发展与演变，成为数字创意产业发展的重要引擎。科技创新是社会进步和智力发展的一个主要方面，高新数字技术本身属于文化的重要内容之一。现代科技创新在文化领域的应用与创新，既丰富了数字创意产品创作和设计服务的形式，也深刻地影响着数字创意产业的内容与形态，从而不断提升数字创意产业的发展能级。

数字创意企业的素质是决定数字创意产业竞争力的重要核心因素。数字创意

产业是数字创意企业的集合，其竞争力的强弱最终取决于数字创意企业素质的高低。如果数字创意产业内大多数数字创意企业在技术创新、产品创作、高新人才、企业管理、产能规模、设计服务等方面与国际同业相比具有较显著的竞争优势，则数字创意产业的竞争力就较强。因此，只有全面提高数字创意企业的素质水平，才能提升一个国家的数字创意产业竞争力。

数字创意产业的组织结构也影响着数字创意产业竞争力的形成。数字创意产业组织结构是指在数字创意生产活动中，各个产业组织单元的功能和相互之间的作用方式，以及数字创意产业组织单元的分布情况。数字创意产业组织结构优化后可以形成规模效应，这种规模效应一方面使该产业能有足够的力量进行数字技术开发和文化创作，推动数字创意产品的设计创新、衍生和产业结构的优化升级；另一方面有助于扩大数字创意市场的覆盖面，降低销售成本。因此，一个国家或地区要提升数字创意产业的竞争力，应当在培育若干个规模与产能较大的数字创意企业或数字创意企业集团的同时，扶植大量数字创意中小微企业，优化与之协作配套的产业组织结构。与此同时，应采取积极措施，促进数字创意内容产业与上下游产业、数字创意产业与周边产业交互赋能，打造数字创意产业链。数字创意产业链除了涵盖文化创意产业以外，还涵盖装备制造、技术研发、衍生产品与服务的设计生产运营、金融、教育培训、知识产权保护等众多上下游产业，并辐射周边产业。数字创意产业链的形成，有利于实现核心企业与上下游企业的高度分工协作，提高产业效率；有利于降低交易费用，打造成本优势；有利于加强企业之间的竞争与合作，激发技术创新；有利于形成外部规模经济效应，形成科学化、专业化的数字创意的中心市场。

四、数字创意产业竞争力的环境因素分析

数字创意产业竞争力的环境因素来自产业外部，主要包括数字创意文化消费市场、政府作用、法治环境等，是指对数字创意产业竞争力的形成和提升具有较强作用的因素。

数字创意文化消费市场是数字创意产业竞争力形成的前提条件。数字创意消费不仅具有创新性、娱乐性、知识性、文化传承性等基本特征，而且还包含了文化性和精神性等本质属性。数字创意文化消费市场中，消费者与创意者之间的互动机制，决定了数字创意产品和设计服务的消费环境。因此，积极培育数字创意产品和设计服务的消费市场，大力培育文化消费热点，营造文化消费的良好氛围，适度引导和鼓励消费者参与到创意活动中来，从而促进健康的文化消费，对于数

字创意产业竞争力的形成有着重要的推动作用。在知识经济时代,伴随着创意经济发展的全球化趋势,数字创意消费也越来越呈现出全球化、主流化、时尚化、高科技化、个性化的发展趋势。积极培育数字创意消费市场,加快提升居民数字创意消费水平,使数字创意消费成为国民消费"支柱性需求",是推动数字创意产业成为国民经济支柱性产业的重要基础,是扩大内需尤其是扩大消费的重要着力点,也是进一步挖掘数字创意经济发展潜力的必然要求。

政府作用是数字创意产业竞争力形成的重要因素。发达国家和地区的数字创意经济发展的经验表明,政府的政策扶持和高度重视是数字创意产业发展的重要保证。一方面,政府应扩大对数字创意产品和设计服务的政府采购规模与范围,发挥政府对数字创意产业的消费引导作用,拓展数字创意产业的市场空间。另一方面,一个国家和地区要发展数字创意产业,政府需要创新经济管理体制,在投融资、财政、税收等政府政策方面加大扶持力度,为发展数字创意经济提供政策合力。数字创意产业的发展壮大需要加大金融业对数字创意产业的支持范围和支持力度,需要大量的资金扶持和科学有效的资本运作,建立和优化完善的数字创意产业投融资体制,实现数字创意产业与金融业的深度对接和有效融合,加快培育新的数字创意经济增长点和产业提升路径。

法治环境也是数字创意产业生存和发展的重要保证。数字创意产业的核心是数字创意成果,而数字创意产业中流转的是数字化的知识产权。只有有效地保护数字化的知识产权,才能使数字创意产业最终获得收益回报。因此,通过加大知识产权保护力度,来保障数字创意企业和数字创意主体的合法收益,加强对数字化的知识产权的保护力度,营造有利于数字创意产业发展的良好氛围和环境。知识产权保护依赖于相关法律体系的建设,故应该完善数字创意版权保护制度、知识产权保护体系,健全知识产权信用保证机制,真正做到对数字创意产业知识产权的有效保护。

此外,国际数字创意消费市场对数字创意产业竞争力的形成也有着重要的影响。在数字经济时代,数字信息快速传递,国际数字创意消费市场与国内数字创意消费市场要素快速流动,合作日益频繁,国内数字创意消费市场和国外数字创意消费市场逐渐呈现出深度整合、高度竞争的格局。在这种环境下,扩大具有自主知识产权和自主品牌的数字创意产品和设计服务出口,营造有利于出口的良好国际环境,进一步开拓国际数字创意消费市场,提升国际市场地位和总体竞争力,对于培育数字创意产业竞争力来说尤为重要。

五、数字创意产业竞争力各影响因素之间的关系

根据上述分析，数字创意产业竞争力的影响因素主要由环境因素、基础因素和核心因素组成。数字创意产业竞争力的环境因素包括政府作用、法治环境、文化消费市场等。数字创意产业竞争力的基础因素包括网络基础设施、资金资源、人力资源、文化资源等。数字创意产业竞争力的核心因素主要包括科技创新、企业素质和产业组织结构等。其中，核心因素和基础因素对数字创意产业竞争力有直接作用，而核心因素又在数字创意产业竞争力的形成中起着主导作用，基础因素则在数字创意产业竞争力中起着辅助作用。相对于基础因素和核心因素，环境因素是数字创意产业竞争力形成的间接因素。环境因素需要通过直接因素间接作用于数字创意产业竞争力。它们之间的关系如图3.1所示。

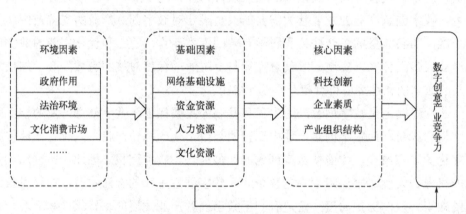

图3.1　数字创意产业竞争力影响因素关系图

第二节　数字创意产业竞争力的多维度驱动

上述有关数字创意产业竞争力的影响因素的系统分析表明，这些因素相互作用、协同共生，最终形成了数字创意产业的竞争力。综合考虑其核心因素、基础因素和环境因素，分析得出环境因素中的文化消费市场的生产性与消费性需求、基础因素中的数字创意企业的生产能力、核心因素中的数字创意领域的技术创新是数字创意产业竞争力形成的最重要的三大驱动力量。故本节从数字创意产业竞争力的创意需求驱动、生产与开发驱动、科技创新驱动三个方面进一步探讨数字

创意产业竞争力的形成机理，如图 3.2 所示。

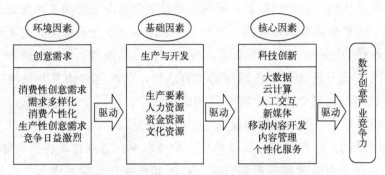

图 3.2　数字创意产业竞争力形成机理示意图

一、数字创意产业竞争力的创意需求驱动机理

1. 消费性需求驱动

由互联网所带动的消费端数字创意经济，具有典型的自下而上的特征。文化市场自发地形成互联网等信息技术应用与创新，对文化市场资源进行重新整合配置，从而产生文化消费端的规模效应，拉动数字创意经济，促进数字创意产业竞争力的形成。文化市场的消费者包括个体企业、民营经济体或个人，都是数字创意产业竞争力的驱动者。他们基于数字创意市场的各种因素进行着各种经济行为，如贸易、投资等，这些经济行为并不是政府有计划的制度或政策运作的安排，而是一些自由自发的经济行为。当然，这些行为会在很大程度上引起政府的重视，驱动政府部门积极参与到产业的协作中。由此可见，文化市场的消费需求代表了底层的民间力量，形成了一种自下而上的驱动力，驱动数字创意产业的发展与集聚，是数字创意产业竞争力形成的重要动能。

文化市场的消费需求是一种来自民间的自发力量，这些民间的自发力量在多个区域之间相互作用，形成一股强大的驱动力，并以自下而上的轨迹运动，推动着数字创意产业区域间的集聚和整合。以我国长三角、珠三角及环渤海地区为例。这些区域的数字创意产业得到了迅速发展，主要由于这些区域有改革开放政策的"天时"，又有邻近沿海的交通的"地利"，再加上有比较前沿的人文思想。然而，微观的、自发的、民间的、分散的合作会带来较多的盲目性和不稳定性，合作的层次较低，我们也不能忽视。只有将微观的、被动的、分散的、缺乏协调的合作转变为宏观的、主动的、有规则的、方向明确的合作，才能增加区域经济内多层次的合作，才能充分发挥合作的效能，才能适应新经济形势下我国数字创意产业发展的基本要求。建立政府引导协调和市场需求导向相结合的双边机制，从而形成多层次的引导协调机制，确保区域数字创意产业的健康和稳定发展。在国际环境中，相邻国家或地区的由下而上（button-up）的整合模式是通过民间企业非官方性质的经济往来，资源配置是渐进式的自然调节，彼此之间形成更强的专业化分工，提升彼此的产业结构的优势水平。在产业结构互补性较强、经济发展水平较高的区域之间，政府干预的情况较少，自发的市场需求力量尤为显著，产业经济的协调整合通常由民间先行交流与互动，因此这股市场的力量是其协调整合的原动力，带动着区域政府间的相互联系，逐渐拉动提升合作的层级，为资源配置寻求更有效率的规划方向。故将其产业升级模式称为"市场需求拉动式"。

2. 生产性需求驱动

传统的比较优势理论是从有形生产要素的角度来论证竞争的比较优势，它强调通过使用本国具有资源禀赋的生产要素，降低生产成本，取得价格竞争优势。全球经济发展模式已经由以产品为基础的经济向以生产能力为基础的经济转变。数字创意产业的国际竞争也已从价格竞争转向非价格竞争，在生产竞争力与创新竞争力投入方面的竞争加剧。数字创意产业作为战略性新兴产业，是运用数字技术，以创意内容业和创意制造业为核心，进行创造、制作、销售和服务，引领新供给、新消费，以经济价值和文化影响为输出的新型业态，生产性的需求驱动是提升数字创意产业整体竞争力的重要因素。生产竞争力在产业技术进步、提高产品的技术和知识含量、增加产品附加值、形成产品差异性、推动生产国际化、降低国际贸易的交易成本等方面都发挥着重要作用。生产竞争力是数字创意产业竞争力的核心部分，任何层次、任何规模的数字创意产业的生产资源配置都需要科技创新的引领和带动作用。生产性数字创意产业需要关注创新、稳定外债，也需要提高企业的经营能力与盈利能力。科技创新与生产要素的互动融合能够推动数字创意产业资源的优化配置，促进产业资源的循环利用和可持续再生，从而推动数字创意产业的优化与升级，不断扩张海内外的市场份额。生产竞争力和创新竞争力最终会通过市场竞争力表现出来，数字创意产业的生产竞争力也决定其市场竞争力的水平。

二、数字创意产业竞争力的生产与开发驱动机理

数字创意产品供给方的生产能力和生产意愿是数字创意产业竞争力内生的驱动力。文化市场的消费需求决定了数字创意产品供给方的生产意愿，而数字创意

产品供给方的生产能力则是由其生产要素决定的。如前所述，在数字创意产品生产过程中，人力资源、资金资源和文化资源是其基本的生产要素，这些生产要素与信息技术创新的互动融合带来"生产要素的新组合"，推动产生先进的数字创意科技生产要素。人力资源结构的优化、数字经济资本的流通和高新技术资源的配置为产业升级提供必要的物质基础，促进数字创意资源内容的创新、资源边界的拓展与资源的可持续再生再造。在网络信息技术的科学交叉应用中，推动人力、资本、文化等传统生产要素升级为高端的数字创意科技人才、新型的数字金融和先进的数字文化资源等高级产业要素，为数字创意产业升级提供更强大的要素基础，使得数字创意产业竞争力的提升具备更强的内在驱动力。

1. 高端数字创意科技人才驱动数字创意产业竞争力提升

创新是数字创意产业的生命与活力，数字创意产业主要的增值部分是原创性的文化知识。这些原创性的知识与多学科进行交叉融合，需要有多方位、综合性、交叉性的高端人才。这些高端数字创意科技人才是实现文化创意、产品制作及数字创意产业竞争优势的原动力，而技术资源和文化资源只能有助于内容创意及文化产品的生产，却不能自动转化为创意产品。提升数字创意产业竞争力，需要大量具有很强的创意与策划能力、创意产品和设计服务的营销能力、新媒体与大数据的分析能力、企业经营管理能力的高端数字创意科技人才。同时，数字创意产业竞争力的提升还需对已有的文化资源和数字产品进行加工、设计、转化、融合、共享与传播，这些也对高端数字创意科技人才提出了更高的技术要求，如掌握和应用各种网络信息技术。综合性的高端数字创意科技人才是驱动数字创意产业竞争力的原动力，为创造领先的科学技术应用、配置高效的产业内各生产要素、加快原创的产业创新力度提供有力的支撑。

2. 数字金融驱动数字创意产业竞争力提升

金融是产业经济的核心和血脉，对产业发展起着至关重要的作用。数字创意产业中，由于创意与科技的价值难以评估，大量中小微型的数字创意企业难以享受到传统金融机构的金融服务，均面临融资难、融资贵的问题。随着科学技术的发展，数字金融逐渐成为传统金融的替代和补充，为中小微数字创意企业的融资提供了多元化的渠道。数字金融可通过对数字创意企业的有形资产、无形资产和信用状况进行大数据挖掘与分析处理，减少资金供需双方的沟通和担保成本，提供更灵活的金融服务。数字金融中的众筹模式、风险投资、金融产品线上销售、移动支付、P2P 理财等多种新型的金融形态，降低了投融资成本，拓宽了投融资渠道，简化了投融资流程，从而提升数字创意产业的投融资效率，实现数字创意产业的资源优化配置。

数字金融还可运用大数据、云计算、人工智能等高新网络信息技术，加速金融资本在数字创意产业和其他产业之间的良性流动，从而提高数字文化资源的利用效率，加快数据信息的交流、分析与处理，快速实现资金供需双方的资金有效匹配。数字金融还可以挖掘数字创意投资的多元化倾向，使其与金融资本相互渗透，从而开发多种渠道的资金来源，有效地推动金融服务产品和金融服务模式的创新，进而促进数字创意产业投融资环境的改善。这为缓解数字创意产业融资难的问题，刺激数字创意产业的高速发展，推动数字创意产业结构的优化升级，提升数字创意产业竞争力提供了重要保证。

3. 数字文化资源驱动数字创意产业竞争力提升

数字文化资源是指数字化的文化资源或对文化资源的数字化，它通过科技创新在文化资源的网络化传播、标准化存储与集约化开发过程中注入高新技术，如大数据、人工智能、移动互联网、云计算、物联网、虚拟现实、增强现实等，拓展传统文化产业竞争力的要素约束范围，突破传统文化资源的时空限制。过去文化作品创作的地区差异性，主要是由于不同区域的文化资源分布不均匀而导致，优秀的文化作品更多地出现在文化资源丰富的地方。现在各种文化资源平台的不断涌现，人们可以通过各种搜索引擎快速获取文化资源，打破了创作的区域壁垒，提高了资源的利用率，深入推动文化创意产业纵向发展。不同于其他传统的原材料或能源等资源的不可重复使用性，文化资源可以被任何产业主体多次反复生产与利用，不会在数字创意产业链条中出现任何损耗。现代科学技术的飞速发展，特别是互联网的普及和信息技术的应用，更好地满足了文化创意企业的资源要素需求，从而推动了传统文化资源的异地开发和数字化传播，提升了传统文化资源的规范性、共享性和利用率。

文化资源和科技创新相融合，不易受时空等外在因素影响，实现多主体、多频次、多领域开发使用数字创意文化资源。文化资源的多元拓展，以及使用价值和生命力的延伸，使得资源供给充分、内涵丰富和数量增长，从根本上解决传统资源的有限性引起的极度渴望与担忧，推动数字创意产业核心竞争力的提升和可持续发展，为加速经济社会向文化经济、数字经济转型升级的历史进程提供驱动力。

三、数字创意产业竞争力的科技创新驱动机理

在经济学范畴，科技创新是指研发新技术、新产品，优化生产要素的过程，

通过拥有创新能力的核心技术，以及在此基础上提高生产率与利润率的过程，创新的技术和产品体现为发明创造新的科学技术及拥有自主知识产权的产品、品牌等。数字创意产业内资企业拥有的技术、创意、专利、设计服务、品牌、新产品及研发投入等，是衡量我国数字创意产业创新能力的重要体现。数字创意产业的创新所需的核心技术必须摆脱技术模仿、技术引进和对外部技术的依赖，对其内部的高新技术进行科学突破，依靠自主创新能力，通过独立的研究开发活动而获得。其本质就是牢牢把握创新核心环节的主导权，掌握核心技术的所有权。

产业是否具有核心竞争力、产业进行创新活动能否取得突破性进展均体现在产业的创新能力驱动。数字创意产业创新能力是一个系统，是产业综合竞争力的核心部分，它是各类要素的有机结合，是各种能力驱动的综合体现，也是数字创意产业保持竞争实力的根本保证。国外学者对创新的研究往往与技术创新、产品创新融为一体。Alan Pilkington 等人（2002）通过总结几个发达国家或者本国某行业整体技术创新活动的状况，探究对其影响最大的几个因素，为将来提升技术创新效率提供依据。Romain Beaume 等人（2009）则通过深入分析几个典型汽车企业的技术创新案例，归纳不同国家技术创新模式的优劣与得失。

创新中技术、知识或制度等方面的关键性突破主要是依靠自主力量实现完成的，这是创新的本质特点。纵观学界对创新的内涵界定可知，创新应该是一个整体和系统的概念，它包括以技术创新为核心的各种创新，应该突出以企业为核心的自主创新主体地位，充分发挥产、学、研相结合的协同创新体系。创新中最关键的是拥有自主技术、自主创意、自主专利、自主品牌、自主设计。国内创新研究成果比较多，但产业创新能力方面的研究也较多地集中在技术创新能力上。许庆瑞等人（2000）指出技术创新能力不是一种单功能的能力（区别于研究与发展能力），而是需要多功能的配合。魏江等人（1995）认为技术创新能力包括研究开发能力、创新决策能力、生产能力、市场营销能力、组织能力五个方面。数字创意产业的创新能力主要包括数字创意企业的创意能力、设计能力、新产品的研发能力、专利与品牌的营销推广能力等，它们是数字创意产业竞争力最关键的核心驱动力。

第三节 数字创意产业竞争力的构建原则与构成框架

一、数字创意产业竞争力评价体系的构建原则

数字创意产业竞争力的评价体系应该广泛运用定量指标，科学、全面、多层次、客观地反映整个数字创意产业的综合竞争实力，从多角度、多维度来综合评价整个产业的竞争力，这是一项繁杂的系统工程。构建数字创意产业竞争力评价体系应当遵循以下原则。

1. 系统性原则

在构建任何评价体系时，都应该力争使之具有系统性和全面性。数字创意产业竞争力的影响因素取决于多个方面，该类指标的构建就需要从这些方面进行综合分析。将数字创意产业竞争力划分为生产竞争力、创新竞争力、市场竞争力三个部分来反映影响产业竞争力的内部运作机制，并综合考虑经济环境、社会环境、政策支持及技术环节这些外部因素对数字创意产业竞争力的影响作用。据此，最终实现从多个角度系统性评价数字创意产业竞争力的目标。

2. 科学性原则

在构建任何评价体系时，都需要遵循科学性原则来展开研究和分析，在数字创意产业相关数据的收集过程中进行审慎的思考及严格的检查。根据前面的理论分析，所选择的指标都能够科学合理地反映数字创意产业的竞争力水平，以及当前中国数字创意产业发展存在的问题。在收集的数据中，还存在一些数据缺漏的情况，实证研究过程中应对此进行相应的数据预处理工作。

3. 特定性原则

构建数字创意产业的"三力"模型评价体系，通过对全国 31 个省级行政区的 409 家典型的数字创意企业进行样本实证分析，计算了各数字创意产业的综合竞争力，客观而又真实地反映了各省级行政区的综合竞争力现状与未来发展趋势。

4. 可获得性原则

在遵循特定性原则的基础上，评价体系应客观全面，利用现有的《中国经济年鉴》（文化创意产业卷）、《中国文化及相关产业统计年鉴》以及相关区域经济统计资料获得样本数据，并尽可能实现数据资料的量化，确保定量指标的真实性，

减少定性指标。将评价指标与模型简化，避免过于烦琐，影响数字创意产业综合竞争力的准确性。

5. 可比性原则

评价体系中的各项指标具有一定的关联性，各项指标之间具有一定的内在逻辑关系，应充分明确评价体系中每个指标的含义，确保横向上的统计口径一致，纵向上的计算公式一致，把握好各省数字创意产业综合竞争力的现状与未来趋势，严格把握绝对指标与相对指标的选取。绝对指标选取过多，会影响规模较小、发展缓慢的省份的数字创意产业；相对指标选取过多，又同样会埋没规模较大、发展较快的省份的数字创意产业的实际发展水平。

6. 动态性原则

我国对数字创意产业竞争力这个方向的研究还相对较少，处于起步阶段，因此应深入挖掘相关统计资料的完善性，结合局势的变动调整，多方位考虑到数字创意产业的发展与趋势，掌握最新的数字创意产业竞争力的动态变化。充分考虑数字创意产业还处于发展和成长阶段的特征事实，在具体指标的设计上为产业发展的不确定性保留填补竞争力评价体系的拓展空间。这种处理方式不仅保证了实证研究的严谨性，还为后续的研究指明了方向。因此在选取指标时，应多选用反映变化的增量指标，例如增长率、总量平均增速、比重等增量指标来测评数字创意产业的综合竞争力。

二、数字创意产业竞争力的理论构成框架

根据上述对数字创意产业竞争力影响因素与形成机理的分析，数字创意产业竞争力主要由创新竞争力、生产竞争力和市场竞争力构成（图3.3）。

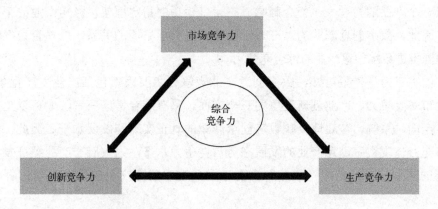

图3.3 数字创意产业竞争力的"三力"模型

创新竞争力是数字创意产业竞争力的引擎。创新是产业得以发展的根本动力，产业作为国民经济发展的主体，同时也是实施创新手段的载体。数字创意产业取得竞争优势的关键因素是能否具有核心竞争力，能否拥有持续创新能力，能否拥有重点领域关键技术的自主能力。

生产竞争力是数字创意产业竞争力的核心，它需要创新竞争力的引领和带动。任何层次、任何规模的数字创意产业的生产资源配置都需要科技创新的引领和带动作用。科技创新与生产要素的互动融合能够推动数字创意产业资源的优化配置，促进产业资源的循环利用和可持续再生，从而推动数字创意产业的优化与升级。

市场竞争力是创新竞争力和生产竞争力的最终表现形式。数字创意产业的生产竞争力和创新竞争力决定了其市场竞争力。数字创意企业的市场竞争力最终表现为其在国内和国际市场中的市场份额、消费者的满意度、市场声誉及其对社会的贡献度等。这些取决于数字创意企业的创新能力和生产能力。

在数字创意产业竞争力中，产业创新竞争力、生产竞争力和市场竞争力三种"力"相辅相成，共同体现了数字创意产业发展的综合竞争力。同时，创新竞争力、生产竞争力和市场竞争力既代表着数字创意产业竞争力的三个不同维度，同时也代表着三个不同的呈现方式，它们之间是密不可分的关系。创新竞争力是生产竞争力和市场竞争力的引擎，而生产竞争力为创新竞争力提供基础资源，市场竞争力则为创新竞争力提供环境资源，市场竞争力又是创新竞争力和生产竞争力的最终表现形式。

"三力"是衡量数字创意产业综合竞争力的三个重要因素，"三力"之间互为联动、相互牵制、相互发展和相互协同，就如同正三角形的物理结构是最稳固的。任何一个方面的力过大，都会影响"三力"模型的稳定框架，影响产业的平衡发展。因此，数字创意产业的"三力"应当保持科学平衡的关系，以"合力"的形式协同推进数字创意产业的综合竞争力。

由"三力"模型可知，数字创意产业竞争力主要因素包括产业生产竞争力、产业市场竞争力、产业创新竞争力三个方面，只有综合考虑三者，才可以更加科学、全面、系统、客观地反映数字创意产业的真正实力和发展水平。因此，为了能够充分体现数字创意产业的发展态势与竞争力水平，为政府与产业经济发展提供新的规划导向，应将"三力"模型运用到数字创意产业的综合竞争力评价研究中。

□ 本章小结

　　　　基于数字创意产业竞争力的影响因素进行系统分析，从基础因素、核心因素、环境因素等方面，分析了数字创意产业竞争力各影响因素之间的关系。综合各影响因素，总结出数字创意市场的消费需求、生产能力、技术创新是数字创意产业竞争力的三大驱动力量，从数字创意产业竞争力的需求驱动、生产驱动、创新驱动三个维度探讨其形成机理。根据对数字创意产业竞争力影响因素与形成机理的分析，遵循系统性原则、科学性原则、特定性原则、可获得性原则、可比性原则、动态性原则，客观、科学、全面地反映数字创意产业的综合竞争力，构建数字创意产业竞争力中产业生产竞争力、产业市场竞争力、产业创新竞争力的模型，由"三力"模型总结出这"三力"之间互为联动、相辅相成，影响数字创意产业的发展，为数字创意产业竞争力的实证分析提供科学的评价体系。

第四章

中国数字创意产业竞争力指标体系构建与评价

本章根据前文对数字创意产业竞争力指标体系构建的理论支撑设计，在充分考虑数字创意产业竞争力指标体系构建的系统性、科学性、特定性等原则之后，将数字创意产业竞争力的可能影响因素分为内部因素与宏观环境两个维度。重点选取数字创意产业竞争力的内部影响因素，运用探索性因子分析法构建数字创意产业竞争力评价指标体系，并进一步对生产性和消费性数字创意产业竞争力指标体系构建开展了细致的异质性讨论。指标体系的构建和评估方法的选择是进行实证研究的主要基础。

第一节　数字创意产业竞争力指标体系构建

一、指标体系构建的逻辑框架

遵循前文所提到的系统性原则、科学性原则、特定性原则、可获得性原则、可比性原则、动态性原则六个方面的原则，对数字创意产业竞争力指标体系构建和测度，以及为该领域研究提供了重要的参考价值，但是目前仍缺乏对数字创意产业竞争力的研究。正如前文所述，数字创意产业是现代信息技术与文化创意产业逐渐融合而产生的一种新经济形态，与传统高新技术产业或文化产业存在巨大差别。基于前文对数字创意产业竞争力的理论分析，在充分考虑数字创意产业生产数字化、传播网络化和消费信息化这些特征的基础上，从微观企业、中观产业、宏观环境三个维度入手，选取数字创意产业竞争力的评价指标，构建数字创意产业竞争力评价指标体系。

在微观企业层面，将每个数字创意产业竞争力划分为生产竞争力、创新竞争力、市场竞争力三部分。如图 4.1 所示，在数字创意产业竞争力中，生产竞争力、市场竞争力和创新竞争力三个"力"相辅相成，共同体现了产业发展的综合实力。"三力"是衡量数字创意产业综合实力的三个重要因素，"三力"之间互为联动、相互牵制、相互发展，任何一个力过大都会破坏"三力"模型的框架，影响产业的平衡发展。因此，产业的"三力"应当保持科学平衡的关系，以"合力"的形式共同推进产业的综合竞争力。将"三力"模型运用到数字创意产业的综合竞争力评价研究中，这既能充分体现数字创意产业的发展态势，又能为政府与产业经济发展提供新的规划导向。

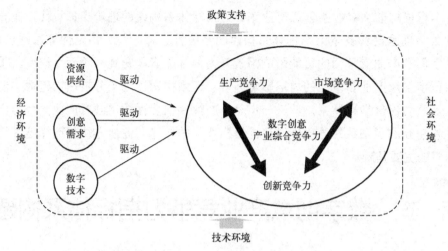

图 4.1 数字创意产业竞争力的逻辑框架

二、数字创意产业竞争力评价指标选取

基于图 4.1 数字创意产业竞争力的逻辑框架，并充分考虑数据的可得性等客观因素后，将数字创意产业竞争力指标体系分为一级指标、二级指标和具体指标，具体包括 3 个一级指标、6 个二级指标和 14 个具体指标。所有指标的构成和测度方法如表 4.1 所示。其中，一级指标包括生产竞争力、创新竞争力和市场竞争力三项。

生产竞争力依据产业的经营状况、盈利能力和偿债能力来表示。根据会计领域对企业绩效的判断方法与学界的共识，经营能力一般指企业的资金及资产周转率，所以对经营能力采用运营资金周转率、流动资产周转率、固定资产周转率、总资产周转率来测度。盈利能力一般指企业的利润率与收益率，故盈利能力采用总资产净利润率和净资产收益率来测度。偿债能力一般指企业的负债与资产对比情况等，故对偿债能力采用流动比率、速动比率和利息保障倍数来测度。创新竞争力衡量数字创意产业的创新创造能力，主要从创新成果来考察，体现为域名账面价值增长率、版权账面价值增长率和专利授权量这三个指标。市场竞争力反映数字创意产业在国内和国外的市场占有率情况，采用数字创意产业的国内营业收入和国外营业收入表示。

表 4.1　数字创意产业竞争力评价指标

一级指标	二级指标	具体指标	指标说明
数字创意产业竞争力	生产竞争力	经营	运营资金周转率	营业收入 / 平均营运资金

一级指标	二级指标		具体指标	指标说明
数字创意产业竞争力	生产竞争力	经营	运营资金周转率	营业收入 / 平均营运资金
			流动资产周转率	营业收入 / 流动资产平均占用额
			固定资产周转率	营业收入 / 固定资产平均净额
			总资产周转率	销售收入 / 总资产
		盈利	总资产净利润率	净利润 / 总资产平均余额
			净资产收益率	净利润 / 股东权益平均余额
		偿债	流动比率	流动资产 / 流动负债
			速动比率	速动资产 / 流动负债
			利息保障倍数	（净利润 + 所得税费 + 财务费）/ 财务费
	创新竞争力	成果	域名账面价值增长率	账面价值本期增加额 / 账面价值期初余额
			版权账面价值增长率	账面价值本期增加额 / 账面价值期初余额
			专利授权量	专利申请授权量
	市场竞争力	国内	企业国内收入	企业国内营业收入
		国际	企业国外收入	企业国外营业收入

第二节　中国数字创意产业竞争力评价的研究设计

一、数据说明和统计性描述

　　本节通过选取 2014 年至 2018 年间 409 家数字创意企业的样本微观数据，研究和分析数字创意产业的内部竞争力情况。本节所使用的微观数据，即数字创意产业竞争力内部指标和数字创意产业竞争力外部影响部分指标，来源于国泰安数据库、APP 天眼查专利信息、企业年报等。

　　在进行实证研究之前，应对所收集的变量进行大量的数据清洗与匹配工作。按照研究惯例，首先对数据采用线性插值法进行补漏分析，最大限度地保留数据样本，以满足回归分析的科学性。其次，对数据采用 5% 水平的缩尾处理，以防止样本尾部极端分布对回归结果造成严重偏误。最后，再多次进行探索性因子分析，根据结果剔除了一些无关变量。考虑到数据统计时可能存在的系统性偏差和各个变量的现实意义，这种剔除是合理的。最终选取了符合要求的 9 个变量，实证研究所选取的 9 个变量的数据来源如表 4.2 所示。

表 4.2 各指标的具体数据来源

具体指标	指标测度数据来源
流动资产周转率	国泰安数据库
总资产周转率	国泰安数据库
总资产净利润率	国泰安数据库
净资产收益率	国泰安数据库
流动比率	国泰安数据库
速动比率	APP 天眼查专利信息、企业年报
专利授权量	APP 天眼查专利信息、企业年报
企业国内收入	APP 天眼查专利信息、企业年报
企业国外收入	APP 天眼查专利信息、企业年报

作为验证，对这 9 个变量的数据合理性和现实意义合理性分别给出解释。首先在表 4.3 中给出最终选择的 9 个变量的描述性统计，从表中可以看出，所有选择变量的统计均值和标准差都基本符合实际情况，数据波动不大，从数据选择上符合实证要求。

表 4.3 变量的描述性统计

变量	均值	标准差	观测数
流动资产周转率	1.0839	0.8722	1649
总资产周转率	0.6441	0.6657	1649
总资产净利润率	0.0368	0.1121	1649
净资产收益率	0.0398	0.5891	1649
流动比率	2.8098	3.1129	1649
速动比率	2.4615	2.9808	1649
专利授权量	56.4837	252.7358	769
企业国内收入	3.94×10^9	1.57×10^{10}	1649
企业国外收入	1.12×10^9	4.99×10^9	1649

随后，为解释这 9 个变量的现实意义，对这 9 个变量进行更为具体的可视化分析。根据这些原始数据测算结果，绘制成图 4.2 所示的各变量变化趋势图。由于

数据跨度为 2014 年至 2018 年，所以分别将各数据逐年求平均值进而观测其变动情况。整体来看，各项数据均符合预期。

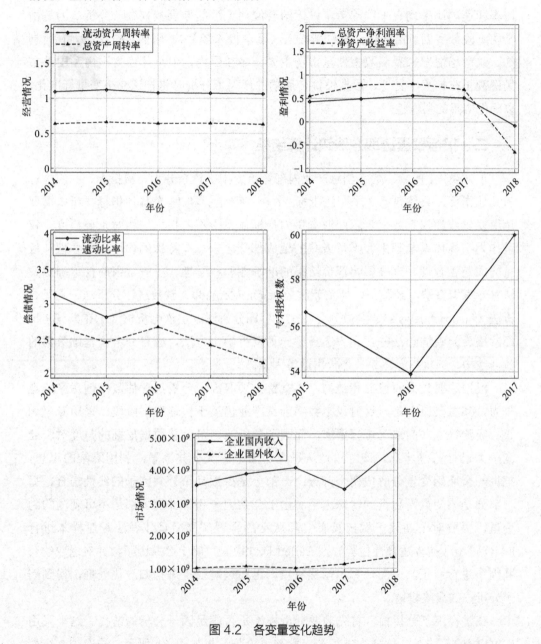

图 4.2 各变量变化趋势

就经营情况来看，数字创意产业的流动资产周转率和总资产周转率在样本周期内变动不大，因此可以认为经营情况较为稳健（因子分析权重占比预期较高）。

就盈利情况来看，2018 年数字创意企业的盈利情况欠佳，主要原因可能是中美贸易摩擦对文化市场需求产生了冲击。就偿债情况来看，数字创意产业整体的流动比率和速动比率均有下降趋势，以此结合波动上涨的专利授权数，分析认为是由于现阶段数字创意产业更注重创新投入（资本投入较多），因而对偿债能力有所制约。就市场情况来看，数字创意市场主要分布在国内，但总体而言国内和国外市场份额正在扩大。另外，根据惯例，后续进行因子分析时将把这 9 个变量标准化，以确保结果的科学性。

二、指标权重选取方法和计算结果

正如表 4.1 所示，数字创意产业内部竞争力指标体系分为一级指标、二级指标和具体指标，具体包括 3 个一级指标、6 个二级指标和 14 个具体指标，所以需要运用权重或加权系数来表示产业竞争力指标体系中不同指标的相对重要程度。权重作为指标体系最基本和不可或缺的组成部分之一，有特殊的作用和重要性，权重构成是否合理，直接影响评价结果的准确性和科学性。一般常用的权重确定方法有专家调查法、经验法、德尔菲法（Delphi Method）、频数统计分析法、因子分析法（Factor Analysis）、主成分分析法、模糊分析法、层次分析法（AHP）、BP 神经网络、问卷调查法等。具体选择哪一种权重确定方法，应充分考虑基础数据的数据结构、评价指标体系、评价用途等因素。

根据选取数据的特征和结构，本章首先采取因子分析法评估数字创意产业竞争力。其主要原因是，目前我国数字创意产业仍处于快速发展阶段，采用专家调查、经验等方法尚缺乏可行渠道，而因子分析法则可以从数据挖掘的角度对产业竞争力进行稳健建模。该方法是从研究对象中寻找公共因子，利用降维的思想，把每一个原始变量分解成两个部分：一部分是少数几个公共因子的线性组合，另一部分是该变量所独具的特殊因子。由于公共因子和特殊因子都是不可观测的隐变量，需要对公共因子做出具有实际意义的合理解释。具体做法是对样本进行 KMO 检验（抽样适合性检验）及 Barlett 球性检验，确定公共因子数并对选取的公共因子进行修正，进而计算出指标权重，再通过对权重进行归一化处理，得到因子分析法的最终权重。

在进行因子分析前，首先需要分析样本是否满足因子分析的前提。这里采用 KMO 检验方法对总体样本进行初步检验，检验结果如表 4.4 所示。选取的 9 个变量的 KMO 估计值都在 0.48~1 之间，结果均比较稳健。表 4.4 显示，变量的 KMO 估计值基本在 0.5 以上，且总体估计值为 0.5445，所有变量均符合因子分析的前提。

表 4.4 因子分析的 KMO 检验

变量名	KMO 值
流动资产周转率	0.6099
总资产周转率	0.5503
总资产净利润率	0.5153
净资产收益率	0.5165
流动比率	0.5183
速动比率	0.5239
专利授权数	0.5076
企业国内收入	0.5808
企业国外收入	0.4882
总体	0.5445

正如前文因子分析法的计算原理介绍所示,对所选测度产业竞争力的 9 个变量进行因子分析,就必须确定所需要选取的公共因子。图 4.3 为绘制的因子碎石图,从该图可以看出,以 1 作为特征值分界,可以选取 5 个因子作为因子分析的公共因子。

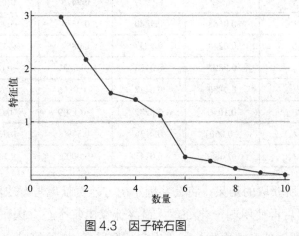

图 4.3 因子碎石图

选取 5 个公共因子进行因子分析,提取出公共因子后,采用方差最大法计算,最终敲定公共因子的方差贡献率如表 4.5 所示。其中,各因子的方差贡献率均大于 0.1,符合因子分析的前提要求。累计方差贡献率为 0.9223,说明所选因子能够解释所选变量的 92.23% 的信息,这已经足以解释现实情况。

表 4.5 公共因子方差贡献率

因子	特征向量值	方差	方差贡献率	累计贡献率
因子 1	2.03031	0.06636	0.2030	0.2030
因子 2	1.96395	0.00928	0.1964	0.3994
因子 3	1.95467	0.28457	0.1955	0.5949
因子 4	1.67010	0.06646	0.1670	0.7619
因子 5	1.60364		0.1604	0.9223

总结归纳公共因子对应因素特征向量值，最终得出如表 4.6 所示的结果。结果表明，5 个公共因子均具备现实意义。由于因子 1 表示的是影响竞争力的偿债层面，因此定义为偿债因子。因子 2 表示的是影响竞争力的盈利层面，定义为盈利因子。因子 3 表示的是影响竞争力的经营层面，定义为经营因子。因子 4 表示的是影响竞争力的市场层面，定义为市场因子。因子 5 表示的是影响竞争力的创新层面，定义为创新因子。

表 4.6 公共因子对应因素特征向量值

变量	偿债因子	盈利因子	经营因子	市场因子	创新因子
流动资产周转率	−0.1628	0.0676	**0.9220**	0.1135	−0.1365
总资产周转率	−0.0427	0.0980	**0.9478**	0.1353	−0.0737
总资产净利润率	0.0668	**0.9840**	0.0584	−0.0062	0.0341
净资产收益率	0.0248	**0.9837**	0.0857	0.0299	0.0204
流动比率	**0.9897**	0.0478	−0.0881	−0.0550	0.0650
速动比率	**0.9880**	0.0438	−0.0856	−0.0527	0.0846
专利授权数	0.1046	0.0287	−0.1309	−0.0365	**0.8836**
企业国内收入	−0.0607	0.0138	0.3490	**0.8593**	−0.0177
企业国外收入	−0.0678	0.0141	0.0002	**0.9435**	−0.0519

基于以上所获取的结果，将公共因子的方差贡献率与对应因素特征向量值相乘并加总。然后再使用归一化处理，最终计算出每个公共因子所应赋予的权重，得出如表 4.7 所示的竞争力指标权重设定。根据表 4.7 计算的结果，再将所有的指标进行赋权，加总便得到最终的数字创意产业的竞争力评价指标。表 4.7 的计算结果表明，对数字创意产业整体而言，经营因子、偿债因子所占比重高于 20%。这表明良好的经营能力和稳健的经营策略是保证数字创意产业整体竞争力的关键，即需要能创收和抗风险。

表4.7　权重设定

因子名称	变量名	细分权重	因子权重
经营因子	流动资产周转率	0.106	0.225
	总资产周转率	0.119	
盈利因子	总资产净利润率	0.107	0.192
	净资产收益率	0.085	
偿债因子	流动比率	0.128	0.258
	速动比率	0.130	
创新因子	专利授权数	0.173	0.173
市场因子	企业国内收入	0.088	0.152
	企业国外收入	0.064	
总计		1.000	1.000

三、因子分析的稳健性检验

1. 因子分析方法的稳健性检验Ⅰ：验证性因子分析

为了确保上一阶段因子分析确定权重结果的稳健性，下面进一步采用验证性因子分析（CFA）和结构方程模型（SEM）对结果展开进一步检验。首先进行验证性因子分析，同样采用因子分析所确定的9个观测变量及拟合出的5个潜变量（因子）作为研究对象。验证性因子分析主要通过以下规范性的研究脉络展开：潜变量与显变量相关性分析、收敛效度分析、区分效度分析。

第一步，进行潜变量与显变量相关性分析，主要目的是证明上文探索性因子分析所选用的潜变量是否合理，结果如表4.8所示。验证性因子分析的因子载荷系数可以判别因子与分析项间的相关关系。基于经验法则，一般认为观测变量与因子关系显著且标准载荷系数大于0.7则相关性较强。就计算结果来看，各观测变量与因子间相关关系均显著，且大部分大于0.7，说明所选定的观测变量较为合理。但企业国外收入的相关性较弱，这说明就目前数字创意产业的市场格局而言，业务可能并未在国外占据较高的市场份额。计算结果大体证明了所选定观测变量的合理性。

表4.8　因子载荷系数

因子名称	观测变量	非标准载荷系数	标准误	Z值	P值	标准载荷系数
经营因子	流动资产周转率	1	—	—	—	1.220
	总资产周转率	0.587	0.031	18.702	0	0.715

因子名称	观测变量	非标准载荷系数	标准误	Z 值	P 值	标准载荷系数
盈利因子	总资产净利润率	1	—	—	—	0.908
	净资产收益率	0.611	0.184	3.317	0.001	0.555
偿债因子	流动比率	1	—	—	—	1.013
	速动比率	0.968	0.009	112.757	0	0.980
创新因子	专利授权数	2.272	0.375	6.056	0	1.104
市场因子	企业国内收入	1	—	—	—	1.226
	企业国外收入	0.210	0.058	3.645	0	0.257

第二步，进行聚合效度（收敛效度）分析。聚合效度（Convergent Validity）具体指运用不同测量方法测定同一特征时测量结果的相似程度，即不同测量方式应在相同特征的测定中聚合在一起，或者指测度结果的稳定性，具体结果如表 4.9 所示。平均方差萃取（AVE）和组合信度（CR）是聚合效度分析中评判效度大小的关键性指标。依据经验法则，AVE 大于 0.5 且 CR 大于 0.7 则聚合效度较高。从表 4.9 中的结果来看，所提取出的因子平均方差萃取均大于 0.5 且组合信度均大于 0.7。这证明了上文因子分析所确定的因子的稳定性。

表 4.9　聚合效度

因子名称	平均方差萃取（AVE）	组合信度（CR）
经营因子	1	1
盈利因子	0.567	0.712
偿债因子	0.993	0.997
创新因子	0.728	0.823
市场因子	0.785	0.836

第三步，进行区分效度研究。区分效度的定义是，在一项测验中，如果可以在统计上证明那些与预设的建构不存在相关性的指标确实同此建构没有相关性，那么这项测验便具有区分效度，即验证上文构建的因子的稳健性，具体结果如表 4.10 所示。AVE 平方根值可表示因子的"聚合性"，相关系数表示相关关系，如果因子"聚合性"很强（明显强于与其他因子间的相关系数），则能说明具有区分效度，也即要求 AVE 平方根值的最小值大于所有相关系数的最大值。表 4.10 的结果表明，AVE 平方根值最小为 0.753，大于因子间相关系数的最大值 0.232，意味着区分效度较高，上文所做的因子分析较为稳健。

表 4.10　区分效度：皮尔逊相关系数和 AVE 平方根值

因子名称	经营因子	盈利因子	偿债因子	创新因子	市场因子
经营因子	**1**				
盈利因子	0.078	**0.753**			
偿债因子	−0.184	0.068	**0.997**		
创新因子	−0.193	−0.030	0.177	**0.853**	
市场因子	0.232	0.015	−0.117	−0.070	**0.886**

2.　因子分析方法的稳健性检验 II：结构方程模型检验

接下来再进一步对所构建的因子以及基于此计算出的数字创意产业竞争力指标进行结构方程模型检验。具体的研究路径为：回归路径系数、模型拟合情况、协方差关系、结构方程模型效果图。需要注意的是，延续上一步 CFA 分析的结果，由于数字创意产业的企业国外收入依据企业所属行业呈现异质性，在构建结构方程模型时暂时剔除企业国外收入这一观测变量，在下文进行分组因子分析时再探讨企业国外收入对数字创意产业竞争力的异质性作用。

首先进行回归路径系数分析，主要目的是检验前文所构建的 5 个因子（9 个观测变量表示）是否对数字创意产业竞争力有显著影响关系，模型回归系数如表 4.11 所示。在结构方程模型中，通常以标准化路径系数表示关系间的影响情况。从表 4.11 的结构来看，5 个因子对数字创意产业竞争力的影响都在 1% 水平上显著。具体来说：各因子对数字创意产业竞争力的影响，依据标准化路径系数可以排序为偿债因子（0.565）＞经营因子（0.554）＞盈利因子（0.493）＞创新因子（0.461）＞市场因子（0.256）。这与上文构建的因子权重排序一致：偿债因子（0.258）＞经营因子（0.225）＞盈利因子（0.192）＞创新因子（0.173）＞市场因子（0.152），这再次证明因子分析所构建权重的合理性。

表 4.11　模型回归系数

自变量	路径	因变量	非标准化路径系数	SE	Z 值	P 值	标准化路径系数
经营因子	→	竞争力	0.250	0.004	55.934	0.000	0.554
偿债因子	→	竞争力	0.237	0.003	68.207	0.000	0.565
创新因子	→	竞争力	0.264	0.009	30.455	0.000	0.461
市场因子	→	竞争力	0.107	0.003	32.535	0.000	0.256
盈利因子	→	竞争力	0.280	0.009	32.573	0.000	0.493

再来检验模型拟合情况，主要目的是检验上述模型的拟合是否严谨，即判断

SEM 方法的稳健性。计算结果如表 4.12 所示，就 GFI、RMR、CFI、NFI、NNFI 各项指标来看，均通过经验法则所规定的检验。

表 4.12　模型拟合指标

常用指标	GFI	RMR	CFI	NFI	NNFI
经验标准	>0.9	<0.05	>0.9	>0.9	>0.9
结果	0.953	0.037	0.976	0.975	0.951

再来考察各因子间的协方差关系，主要以现实理性直觉来检验统计意义上的协方差关系是否合理，即判断因子是否客观评价了数字创意产业的竞争力，结果如表 4.13 所示。除创新因子与盈利因子、市场因子与盈利因子间相关关系不显著以外，其余因子间具有正向或负向的显著关联性。具体来说，经营因子与偿债因子和创新因子均有显著负向关系，与市场因子和盈利因子均有显著正向关系。这均与理性直觉相符，因为经营能力越强，企业的市场竞争力越强，盈利能力也越强，但这往往导致其更倾向于扩大投入，因而容易扩张企业负债，这也导致创新投入受到抑制。偿债因子与创新因子和盈利因子有显著正向关联，与市场因子有负向关联。因为盈利能力强所以偿债能力强，而偿债能力越强的企业则负债越低，越能进行创新投入。创新因子与市场因子有负向关联，表明市场情况越好，企业的创新激励越弱。总体而言，结果均符合理性认知，因而 SEM 设计也通过了稳健性检验。

表 4.13　各因子间协方差关系

自变量	关系	因变量	非标准化路径系数	SE	Z 值	P 值	标准化路径系数
经营因子	↔	偿债因子	−0.170	0.024	−7.088	0	−0.184
经营因子	↔	创新因子	−0.159	0.021	−7.508	0	−0.235
经营因子	↔	市场因子	0.255	0.025	10.4	0	0.275
经营因子	↔	盈利因子	0.071	0.021	3.324	0.001	0.104
偿债因子	↔	创新因子	0.155	0.022	7.077	0	0.213
偿债因子	↔	市场因子	−0.097	0.025	−3.942	0	−0.098
偿债因子	↔	盈利因子	0.063	0.022	2.858	0.004	0.086
创新因子	↔	市场因子	−0.075	0.022	−3.473	0.001	−0.103
创新因子	↔	盈利因子	−0.023	0.019	−1.169	0.242	−0.042
市场因子	↔	盈利因子	0.013	0.022	0.582	0.560	0.017

最后，结构方程模型效果图汇总报告如图 4.4 所示。结果表明，结构方程模型所构建的竞争力评价指标体系也呈现为稳定的五因子结构，即数字创意产业的竞争力主要由经营因子、偿债因子、创新因子、市场因子、盈利因子所决定。而将五个因子的影响效果归一化表示，得到经营因子权重为 0.238，偿债因子为 0.243，创新因子为 0.198，市场因子为 0.110，盈利因子为 0.212。发现结构因子所构建的各因子权重与前文因子分析所计算的一致，证明了数字创意产业竞争力评价结果的稳定性。

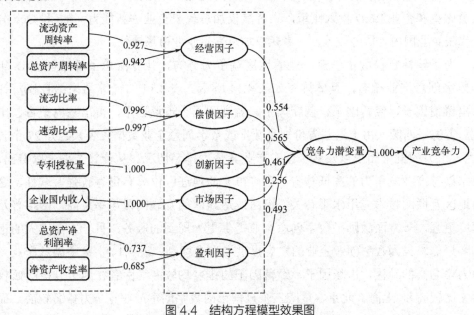

图 4.4 结构方程模型效果图

<table>
<tr><td>第三节</td><td>中国数字创意产业竞争力评价的
实证分析结果</td></tr>
</table>

一、中国数字创意产业竞争力评价：分地区回归结果

1. 中国数字创意产业竞争力的省际排序

根据前文所确定的权重，可以构建对数字创意产业的竞争力评价指标，以此对数字创意企业的各项指标进行赋权计算，就能得到企业的市场竞争力。再进一步以地区或行业为依据，以企业汇总求平均值，就能得到中国各省份的数字创意

产业竞争力，计算公式如式（4.1）所示：

$$Com = 0.106Flt+0.119Ttt+0.107Trt+0.085Roe+0.128Lr+$$
$$+0.130Qr+0.089Rdp+0.084Rdm+0.088Ico+0.064Oco \tag{4.1}$$

其中，Com 为数字创意产业竞争力；Flt 为流动资产周转率；Ttt 为固定资产周转率，二者赋权加总代表企业经营能力；Trt 为总资产净利润率；Roe 为净资产收益率，二者赋权加总表示企业盈利能力；Lr 为流动比率；Qr 为速动比率，二者赋权加总表示企业偿债能力；Rdp 和 Rdm 分别表示企业 R&D（科学研究与试验发展）人员比重和企业 R&D 投入比重，二者赋权加总代表企业创新能力；Ico 和 Oco 分别代表企业国内、国外收入，二者赋权加总表示企业市场地位。

为了解释目前数字创意产业的地区竞争力分布，计算汇总了各地区 2018 年的数字创意产业排名，具体排序如表 4.14 所示。表 4.14 的计算结果结合权重计算出偿债因子、经营因子、创新因子、盈利因子、市场因子，得出除内蒙古、宁夏、青海、西藏（由于这些省份缺少数据或数字创意企业数据较少）之外 27 个省（区、市）的五个因子以及数字创意产业竞争力排名情况。从计算结果可以看出，数字创意产业竞争力的高低与省（区、市）的地理区位分布仍有较强关联性，这与地区互联网技术应用水平有关。沿海发达地区的互联网覆盖率更高，网络普及程度更强，一方面激励了数字创意企业提供更为周到的服务，另一方面庞大的市场客户需求也为数字创意企业的发展提供了许多便利。表 4.14 中数字创意产业竞争力排名高的地区，市场因子、经营因子的排名均较高（两者在因子分析的赋权中占比较高）。上海、北京、重庆三个直辖市的数字创意产业竞争力排名较前，而辽宁、新疆和海南的数字创意产业竞争力排名垫底。这也体现了地区受国家政策扶植力度影响下的数字创意企业发展的优劣情况。一般而言，重点发展、提前发展地区的数字创意产业竞争力偏高，这与理性直觉相符。与此相关的是，如广东、山东、浙江、江苏此类沿海地区的数字创意产业也拥有较强的竞争力。这是因为位居沿海，更易打开海外市场，其市场因子排名较高。

具体来说，以上海市为例，其数字创意产业的经营因子排名第一。虽然盈利因子、偿债因子和创新因子排名并不位居前列，但该地区产业的竞争力仍较强。这主要是由于良好的盈利能力和稳健的偿债能力在很大程度上源于上一阶段技术突破所带来的产品优势，这一隐含的信息使上海市数字创意产业的竞争力位居高位。除此之外，一些创新因子较强的地区也同样表现出良好的竞争力态势。以重庆市为例，数字创意产业的偿债因子、创新因子、市场因子和盈利因子均处前列，但经营因子偏低，最终产业竞争力排名并未步入前三水平。这是由于重庆市虽然属于直辖市，但是位处内陆，因而暂未形成区域经营优势，仍亟待依托产业质量不断打开市场，进一步发展数字创意产业。再者，创新因子对数字创意产业的赶超也有着重要作用。在产业竞争力排名前十的地区中，创新因子排名前15的有7家。这说明即使地区不具备历史文化优势，但仍可以通过加强产业创新提升数字创意产业竞争力。山东、北京和江苏作为文化古城，市场因子排名高，这主要缘于城市文化底蕴浓厚，能够利用地区文化优势为数字创意产业的发展提供桥梁。

表 4.14　2018 年中国数字创意产业竞争力的省际排序

省市	产业竞争力	经营因子	盈利因子	偿债因子	创新因子	市场因子
上海	1	1	22	22	20	3
北京	2	3	24	27	25	1
广东	3	9	9	1	15	17
浙江	4	13	2	12	9	4
山东	5	2	19	23	12	5
江苏	6	17	3	7	4	6
重庆	7	26	6	5	2	12
湖北	8	22	13	3	7	23
福建	9	19	1	8	5	18
四川	10	5	25	26	23	2
安徽	11	7	4	11	8	8
湖南	12	27	20	18	1	24
天津	13	21	5	2	24	19
云南	14	11	18	15	6	14
河南	15	6	7	9	14	7
甘肃	16	24	23	4	21	21
吉林	17	12	15	10	11	16
陕西	18	4	16	16	27	9
山西	19	15	8	14	10	22
江西	20	10	14	25	17	10
河北	21	8	10	20	18	27

续表

省市	产业竞争力	经营因子	盈利因子	偿债因子	创新因子	市场因子
广西	22	18	11	19	13	26
黑龙江	23	23	27	6	3	25
贵州	24	16	21	13	19	11
辽宁	25	14	12	17	26	15
新疆	26	20	17	24	16	20
海南	27	25	26	21	22	13

根据前文介绍的测度方法，计算了我国 2014 年至 2018 年间数字创意产业中的 409 家企业的竞争力，可以看出，我国数字创意产业竞争力从西向东、从北向南逐渐增强。这与我国的政治政策与基本国情相符。其中，长三角、珠三角以及沿海地区产业明显发达。在后文中，还会进一步实证分析数字创意产业竞争力影响因素。由此可以推断，在接下来的分析中运用东中西部差异化回归的方法符合理论实际。

2. 中国数字创意产业竞争力的空间相关性分析

现实中，许多经济数据都必然涉及空间位置。经验和常识都告诉我们，各地区之间的数字创意产业必然存在广泛的联系，而且距离越近的省份联系越紧密。正如 Tobler（1970）所言：所有事物都与其他事物相关联，但较近的事物比较远的事物更有关联。这被称为"地理学第一定律"。

图 4.4 的分地区数字创意产业竞争力也初步验证了空间相关性。空间自相关可以理解为位置相近的省份具有相似的变量取值。如果高值和高值聚集在一起，低值和低值聚集在一起，则为正空间自相关。反之，如果高值和低值相邻，则为负空间自相关，不过这比较少见。如果高值和低值完全随机分布，则不存在自相关。基于自相关的复杂性，有学者提出一系列空间自相关的方法，其中最为流行的是莫兰指数（Moran's I）（Moran，1950），具体计算如式（4.2）所示：

$$I = \frac{\sum_{i=1}^{n}\sum_{j=1}^{n} w_{ij}\left(x_i - \bar{x}\right)\left(x_j - \bar{x}\right)}{S^2 \sum_{i=1}^{n}\sum_{j=1}^{n} w_{ij}} \tag{4.2}$$

莫兰指数 I 的取值一般介于 -1 到 1 之间，大于 0 表示正自相关，即高值和高值相邻、低值和低值相邻；小于 0 表示负自相关，即高值和低值相邻。莫兰指数可以视为观测值和其空间滞后的相关系数。如果将观测值与其空间滞后画成散点图，称为"莫兰散点图"，则莫兰指数 I 就是该散点图回归线的斜率。

以上的莫兰指数 I 也称为"全局莫兰指数",它考察的是整个空间序列 $\{x_i\}_{i=1}^n$ 的空间集聚状况。想要考察某区域 i 附近的空间集聚状况,则可使用"局部莫兰指数",如式(4.3)所示:

$$I_i = \frac{x_i - \bar{x}}{S^2} \sum_{j=1}^n w_{ij}\left(x_j - \bar{x}\right) \tag{4.3}$$

局部莫兰指数的含义和全局莫兰指数相似。正的 I_i 表示某个区域 i 的高(低)值被周围的高(低)值包围;负的 I_i 表示某个区域 i 的高(低)值被周围的低(高)值所包围。

进行空间计量分析的前提是确定空间计量模型中的权重矩阵。记来自 n 个区域的空间数据为 $\{x_i\}_{i=1}^n$,i 表示地区。地区 i 和地区 j 之间的距离为 w_{ij},则可定义出如式(4.4)所示的空间权重矩阵:

$$W = \begin{bmatrix} w_{11} & \cdots & w_{1n} \\ \vdots & & \vdots \\ w_{n1} & \cdots & w_{nn} \end{bmatrix} \tag{4.4}$$

其中,主对角线上的元素 $w_{11}=\cdots=w_{nn}=0$(相同地区的距离为0)。显然,空间权重矩阵 W 为对称矩阵。最常用的距离函数为相邻,即如果地区 i 和地区 j 之间有共同的边界,则 $w_{ij}=1$,反之则等于0。和传统产业不同,考虑到数字创意产业对地理距离的依赖不大,所以这里从经济角度构建经济矩阵。以人均国内生产总值水平(AGDP)衡量各地区经济发展水平,将空间权重矩阵第 i 行、第 j 列元素定义为如式(4.5)所示:

$$w_{ij} = \frac{1/\left|\text{AGDP}_i - \text{AGDP}_j\right|}{\sum_j 1/\left|\text{AGDP}_i - \text{AGDP}_j\right|} \tag{4.5}$$

表4.15给出了基于经济权重矩阵中国数字创意产业竞争力的全局莫兰指数。可以看出,从2014年到2018年,中国数字创意产业竞争力的全局莫兰指数都是显著为正,而且通过显著性检验。总体来看,中国数字创意产业竞争力的空间正相关性呈现出缓慢的上升趋势。

表4.15 中国数字创意产业竞争力的莫兰指数

年份	莫兰指数	Z 值	P 值
2014	0.376	3.90	0.00
2015	0.415	3.95	0.00

续表

年份	莫兰指数	Z 值	P 值
2016	0.502	3.81	0.00
2017	0.581	4.85	0.00
2018	0.602	4.53	0.00

全局莫兰指数揭示了中国各省份数字创意产业竞争力的空间集聚特征，但却没有告诉我们哪些区域会出现高观测值或低观测值。为此，接下来再引入莫兰散点图描绘局部的空间自相关。莫兰散点图以（z，W_z）为坐标，其中 z 为空间滞后因子，W 为空间权重矩阵，它对空间滞后因子进行了可视化的二维图示。散点图的四个象限分别对应区域单元和相邻单元之间的四种类型局部空间相关特点：第一象限表示高观测值区域被同是高观测值区域所包围的空间相关特征；第二象限则是低观测值被低观测值包围。图 4.5 所示即为中国省域数字创意产业竞争力的莫兰散点图。从该图可以看出，我国数字创意产业的竞争力存在正的空间相关性。具体表现在 31 个省份中，处在第一象限和第三象限的占到 28 个。这说明我国数字创意产业的竞争力存在"高—高"集聚和"低—低"集聚特征。处在第一象限的基本都是北京、上海、江苏、浙江等东部沿海省市，说明这里已经形成了数字创意产业的良性发展态势。这里的空间相关性分析为后面运用空间计量模型验证数字创意产业竞争力影响因素提供了基本的依据。

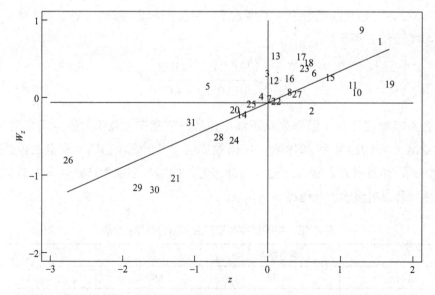

图 4.5　中国省域数字创意产业竞争力的莫兰散点图（莫兰指数 I=0.416）

二、中国数字创意产业竞争力评价：分行业回归结果

数字创意产业虽然差别很大，这里根据行业是否具有生产性划分为生产性数字创意产业及消费性数字创意产业两大类。其中，消费性数字创意产业主要指具有服务性质以及在日常消费与生活娱乐环节体现价值的行业，而生产性数字创意产业则指从事具有制造性质，属于第二产业的行业。根据《国民经济行业分类》（GB/T 4754—2017）对本章实证检验的总体样本进行识别，将具有制造性质的数字创意企业归入生产性行业，并将其他具有消费、服务性质的数字创意企业归入消费性行业。接下来采用探索性因子分析方法搭建两者的细化竞争力指标体系。

1. 生产性数字创意产业竞争力分析

首先对生产性数字创意产业的竞争力进行指标体系搭建，通过探索性因子构建生产性数字创意产业的公共因子对应因素特征向量值，并基于公共因子权重计算方法将结果系统进行归纳，如表 4.16 和表 4.17 所示。

表 4.16　生产性数字创意产业公共因子对应因素特征向量

变量	偿债因子	盈利因子	经营因子	市场因子	创新因子
流动资产周转率	−0.2357	0.2200	**0.7447**	0.1893	−0.2991
总资产周转率	−0.1300	0.2929	**0.8268**	0.1805	−0.1237
固定资产周转率	0.0697	−0.0153	**0.7339**	0.0193	0.3818
总资产净利润率	0.0668	**0.9708**	0.1171	−0.0119	0.0581
净资产收益率	0.0176	**0.9696**	0.1338	0.0362	0.0291
流动比率	**0.9895**	0.0450	−0.0767	−0.0611	0.0414
速动比率	**0.9918**	0.0321	−0.0667	−0.0516	0.0301
专利授权数	0.0533	0.0537	−0.0939	−0.0034	**0.8547**
企业国内收入	−0.0627	0.0076	0.2365	**0.9056**	0.0446
企业国外收入	−0.0655	0.0195	0.0063	**0.9509**	−0.0464

表 4.16 的结果表明，生产性数字创意产业的经营因子将进一步包括固定资产周转率，其余偿债因子、盈利因子、市场因子、创新因子与全样本分析一致。各公共因子对应因素特征向量均大于 0.6，表明均具有良好的因子特征。

表 4.17　生产性数字创意产业权重设定

因子名称	变量名	权重	因子权重
经营因子	流动资产周转率	0.060	0.267
	总资产周转率	0.099	
	固定资产周转率	0.108	
盈利因子	总资产净利润率	0.116	0.230
	净资产收益率	0.114	
偿债因子	流动比率	0.093	0.186
	速动比率	0.093	
创新因子	专利授权数	0.143	0.143
市场因子	企业国内收入	0.099	0.173
	企业国外收入	0.074	
总计		1.000	1.000

表 4.17 的结果显示，与全样本构建的竞争力指标体系相比，生产性数字创意产业经营因子、盈利因子和市场因子所附权重均大于全样本数字创意产业竞争力指标。这表明生产性数字创意产业提升竞争力亟待在其经营能力、盈利能力及所占市场份额上下功夫。

2. 消费性数字创意产业竞争力分析

通过对消费性数字创意产业竞争力进行指标体系搭建，得到的结果系统归纳如表 4.18 和表 4.19 所示。表 4.18 结果显示，消费性数字创意产业的竞争力仅主要由经营因子、偿债因子、盈利因子和创新因子构成。这是由于消费性数字创意产业的市场往往聚焦于国内，国外收入较少甚至为 0，所以全样本中属于市场因子的企业国内收入被归纳入经营因子一栏。具体而言，消费性数字创意产业的经营因子由 4 个对应因素构成，与全样本搭建的指标体系形成了异质性，而偿债因子、盈利因子和创新因子的对应因素构成则与之类似。同时，各公共因子对应因素的特征向量值均大于 0.6，也表现出良好的因子特征。

表 4.18　消费性数字创意产业公共因子对应因素特征向量

变量	经营因子	偿债因子	盈利因子	创新因子
流动资产周转率	**0.9414**	−0.0971	−0.0472	−0.0799
总资产周转率	**0.9488**	−0.0255	−0.0327	−0.0789

续表

变量	经营因子	偿债因子	盈利因子	创新因子
营运资金周转率	**0.8208**	−0.1299	−0.0374	−0.0283
企业国内收入	**0.8066**	−0.0494	0.0580	−0.1344
总资产净利润率	−0.0086	0.0841	**0.9872**	0.0075
净资产收益率	−0.0371	0.0295	**0.9912**	0.0000
流动比率	−0.0811	**0.9892**	0.0567	0.0856
速动比率	−0.0720	**0.9886**	0.0581	0.0982
专利授权数	−0.1085	0.1268	0.0009	**0.8826**

表 4.19　消费性数字创意产业权重设定

因子名称	变量名	权重	因子权重
经营因子	流动资产周转率	0.124	0.478
	总资产周转率	0.133	
	营运资金周转率	0.107	
	企业国内收入	0.114	
盈利因子	总资产净利润率	0.102	0.194
	净资产收益率	0.092	
偿债因子	流动比率	0.098	0.198
	速动比率	0.100	
创新因子	专利授权数	0.130	0.130
总计		1.000	1.000

表 4.19 的结果显示，与全样本构建的竞争力指标体系相比，消费性数字创意产业的经营因子、盈利因子所占权重较大。这表明消费性数字创意产业更需通过提升经营能力和盈利能力来抢占市场份额。其中经营因子所占权重最大，也体现了具有服务性质的消费性数字创意产业对经营能力的高要求。

□ **本章小结**

本章针对中国数字创意产业竞争力指标体系构建与评价的实证研究总结如下。微观企业方面，每个数字创意企业的竞争力主要由生产竞争力、创新竞争力、市场竞争力三部分构成。中观产业方面，具有同类属性经济活动的数字创意企业集合则构成中观数字创意产业。宏观环境方面，则包括经济环境、社会环境、技术环境和政策支持四个方面，它们对数字创意产业竞争力产生外部影响作用。总体而言，本章基于内在影响因素对数字创意产业竞争力指标体系建模，并为下文宏观环境对数字创意产业竞争力的作用机制提供了理论支撑。

将数字创意产业内部竞争力指标体系分为一级指标、二级指标和具体指标，具体包括 3 个一级指标、6 个二级指标和 14 个具体指标。其中，一级指标包括生产竞争力、创新竞争力和市场竞争力三项。生产竞争力采用产业的经营状况、盈利能力和偿债能力来表示，反映产业的竞争力基础；创新竞争力衡量数字创意产业的创新创造能力；市场竞争力则反映数字创意产业在国内和国外的市场占有率情况。

根据前文搭建的数字创意产业竞争力整体框架，本章进一步将数字创意产业分为生产性和消费性两种性质主体进行讨论。其中，与数字创意产业整体性竞争力指标体系相比，生产性数字创意产业经营因子、盈利因子和市场因子所附权重更大；消费性数字创意产业的经营因子、盈利因子所占权重更大。

基于本章的分析和得出的结论，本章重点向政府和数字创意企业提出以下相关建议，以期望数字创意产业实现更好的发展、提升竞争力和创造更高的经济效益。

第一，提升创意创造能力，注重产品市场化。数字创意企业与高新技术企业的区别在于，数字创意产业既需要技术也需要创意创新。数字创意企业发展的关键在于技术创新和创造能力的结合。只有依托现代信息技术，注重创新并融合创意，创造出的产品才有更大的市场发展空间，才能提升核心竞争力。数字创意企业应该注重市场因素，更多地关注产品市场化，才有助于企业盈利能力和资金的良好运转，从而有助于企业的持续运营和良性发展。

第二，关注内外部环境，实现综合能力的提升。数字创意企业受到内外部环境因素的影响，企业只有把握政策机遇，利用有利的经济环境和技

本章小结

术条件提升企业综合实力，才有助于自身的可持续发展。数字创意企业的竞争力不是只关注创新创造就可以，而应该综合关注自身偿债能力、经营能力、盈利能力，使资金流动和企业的经营能力与创新创意能力同步提升，才有助于企业提升综合实力和竞争力，从而带动数字创意产业的良性发展。

第三，生产性和消费性数字创意企业的发展规划需要有差异化的战略。生产性数字创意企业除了需要关注创新、稳定负债以外，需要重点提高企业自身的经营能力与盈利能力，不断扩张海内外的市场份额。消费性数字创意企业基于其具有服务业性质的特性，则需要重点关注企业的品牌效应，打造良好的经营模式，进而创造出稳定的盈利流。

第五章

中国数字创意产业竞争力影响因素及形成机理的实证分析

本章是前文所撰写内容的应用与扩展，通过产业细化分类构建面板模型，对数字创意产业竞争力核心影响因素和形成机理进行实证分析。研究论证了基础因素、核心因素和环境因素的各个变量对数字创意产业竞争力的促进或抑制作用。同时，为了确保基本回归结果的稳健性，将样本按区域和门类两个角度分别划分为东部、中部和西部三类子样本，以及消费性数字创意产业、生产性数字创意产业两类子样本分别进行回归，揭示和解释其显著性差异并剖析成因。

第一节　模型设计

一、计量模型和方法概述

根据第三章的理论分析，数字创意产业竞争力的影响因素主要由基础因素、核心因素和环境因素组成。其中，基础因素包括网络基础设施、资金资源、人力资源、文化资源等，核心因素主要包括科技创新、企业素质和产业组织结构等，环境因素包括政府作用、法治环境、文化消费市场等。本节的重点就是构建计量模型实证检验基础因素、核心因素和环境因素对数字创意产业竞争力的影响。相对于截面数据和时间序列数据，面板数据能同时捕捉更多的信息，构建如式（5.1）所示的面板数据模型：

$$I_{it}=\alpha+X'_{it}\beta+Y'_{it}\chi+Z'_{it}\delta+\mu_i+\lambda_t+\varepsilon_{it} \qquad (5.1)$$

其中，I_{it} 表示数字创意产业的竞争力水平，由第四章所述的因子分析法计算得出，是本章重点关注的被解释变量；X_{it} 表示测度核心因素的一系列变量构成的向量；Y_{it} 表示测度基础因素的一系列变量构成的向量；Z_{it} 表示测度环境因素的一系列变量构成的向量。μ_i 表示所有影响企业竞争力并且不随时间而变化的个体特征，例如企业文化、公司所有制结构、行业属性等；λ_t 表示不随时间而变化的年份虚拟变量；ε_{it} 表示随个体和时间而变化的随机扰动项。

对于面板数据模型，目前主要采用固定效应模型和随机效应模型两种计量方法。固定效应模型的关键就是通过模型变换，消去个体固定效应 μ_i。给定每个企业 i，同时在计量方程两边对时间取平均，如式（5.2）所示：

$$\overline{I}_i=\overline{X}_i'\beta+\mu_i+\overline{\varepsilon}_i \qquad (5.2)$$

其中，$\overline{I}_i=\frac{1}{T}\sum_{t=1}^{T}I_{it}$，$\overline{X}_i$ 和 $\overline{\varepsilon}_i$ 的定义类似。将原计量方程两边同时减去平均方

程，可得到离差形式，如式（5.3）所示：

$$I_{it} - \overline{I}_i = \left(\boldsymbol{X}_{it} - \overline{\boldsymbol{X}_i} \right)' \beta + \left(\varepsilon_{it} - \overline{\varepsilon}_i \right) \tag{5.3}$$

在方程（5.3）中，个体固定效应被消去。对这个方程采用普通最小二乘法（OLS）得到未知参数的固定效应估计量，记为$\hat{\boldsymbol{\beta}}_{\text{FE}}$。该估计量主要使用组内离差信息，所以也被称为"组间估计量"。

对于固定效应模型，还可以对计量方程两边进行一阶差分，以消去不随时间变化的个体固定效应，如式（5.4）所示：

$$I_{it} - I_{it-1} = \left(\boldsymbol{X}_{it} - \boldsymbol{X}_{it-1} \right)' \beta + \left(\varepsilon_{it} - \varepsilon_{it-1} \right) \tag{5.4}$$

对以上差分方程使用普通最小二乘法（OLS），即得到一阶差分估计量，记为$\hat{\boldsymbol{\beta}}_{\text{FD}}$。只要扰动项的一阶差分和解释变量的一阶差分不相关，所得出的系数估计值就是一致的。

再来看随机效应模型，如式（5.5）所示：

$$I_{it} = \alpha + \boldsymbol{X}_{it}' \beta + \mu_i + \varepsilon_{it} \tag{5.5}$$

其中，个体固定效应μ_i和随机扰动项ε_{it}必须不相关，才能保证 OLS 得出一致估计量。现在扰动项由两部分组成，不满足球形扰动项假定，所以 OLS 不是最有效率的。随机效应模型个体扰动项的自相关系数如式（5.6）所示：

$$\rho = \text{Corr}\left(\mu_i + \varepsilon_{it}, \mu_i + \varepsilon_{is} \right) \equiv \frac{\text{Cov}\left(\mu_i + \varepsilon_{it}, \mu_i + \varepsilon_{is} \right)}{\text{Var}\left(\mu_i + \varepsilon_{it} \right)} \equiv \frac{\sigma_\mu^2}{\sigma_\mu^2 + \sigma_\varepsilon^2} \tag{5.6}$$

自相关系数越大，则复合扰动项中的个体效应μ_i越重要。由于存在自相关，必须采用广义最小二乘法（GLS）转换随机效应模型，使变换后的扰动项不存在自相关性。定义如式（5.7）所示：

$$\theta = 1 - \frac{\sigma_\varepsilon}{\left(T\sigma_\mu^2 + \sigma_\varepsilon^2 \right)^{1/2}} \tag{5.7}$$

其中，T表示面板数据中的时间维度。将式（5.7）两边对时间求平均，然后同乘θ，得到式（5.8）：

$$\theta \overline{I}_i = \theta\alpha + \theta \overline{\boldsymbol{X}_i'}\beta + \theta\mu_i + \theta\overline{\varepsilon}_i \tag{5.8}$$

将式（5.5）减去上述方程，得到式（5.9）形式的广义离差模型：

$$I_{it} - \theta\overline{I}_i = \left(\boldsymbol{X}_{it} - \theta\overline{\boldsymbol{X}_i} \right)' \beta + (1-\theta)\mu_i + \left(\varepsilon_{it} - \theta\overline{\varepsilon}_i \right) \tag{5.9}$$

此时，广义离差的扰动项没有相关性，就可以对此方程进行 OLS 估计。

处理面板数据的关键问题就是随机效应模型和固定效应模型的选择。正如前文所述，只要个体固定效应 μ_i 和解释变量不相关，固定效应和随机效应的估计结果都是一致的，但是随机效应模型没有损失自由度，所以更有效率。如果个体固定效应 μ_i 和解释变量是相关的，只有固定效应模型的估计结果是一致的。

在实证研究中，主要采用豪斯曼检验（Hausman，1978）来判断究竟是采用固定效应模型还是随机效应模型。豪斯曼检验的思路是，当个体固定效应 μ_i 和解释变量不相关时，固定效应和随机效应的回归系数将共同收敛于真实参数。在大样本下，二者的差距应该消失，即式（5.10）：

$$\hat{\beta}_{FE} - \hat{\beta}_{RE} \xrightarrow{p} 0 \tag{5.10}$$

以二次型度量距离，豪斯曼检验的统计量为式（5.11）：

$$\left(\hat{\beta}_{FE} - \hat{\beta}_{RE}\right)' \left[\widehat{\text{Var}\left(\hat{\beta}_{FE} - \hat{\beta}_{RE}\right)}\right]^{-1} \left(\hat{\beta}_{FE} - \hat{\beta}_{RE}\right) \xrightarrow{d} \chi^2(K) \tag{5.11}$$

如果该统计量大于临界值，那么就可以拒绝个体固定效应 μ_i 和解释变量不相关的假设，此时必须使用固定效应模型。反之，则应该使用随机效应模型。

二、数据、变量和统计性描述

和第四章相同，本章计量检验的样本依然是我国 2014 年至 2018 年间属于数字创意产业的 409 家企业。所有涉及微观企业层面的数据均来自东方财富 Choice 金融端数据、国泰安数据库、天眼查专利信息、企业年报等。此外，通过选取 2004 年至 2017 年全国及 31 个省的面板数据，分析企业所属省份的数字创意产业竞争力外部影响情况，即分析测度基础因素和政策因素。这些省级层面和城市层面的宏观数据来自相应年份的《中国统计年鉴》《中国城市统计年鉴》及东方财富 Choice 金融端数据。

数字创意产业竞争力的核心因素在数字创意产业竞争力形成中起关键作用，主要包括科技创新、企业素质和产业组织结构等。为衡量这三个核心因素，在变量测度中分别采用企业 R&D 费用总额（x_1）表示科技创新、企业资产总额（x_2）表示企业素质和企业资产总额的赫芬达尔指数（x_3）表示产业组织结构。这三个指标分别表示核心因素中的科技创新、企业素质和产业组织结构。需要说明的是，企业资产总额的赫芬达尔指数是产业经济学领域广泛应用的参考产业空间集中度的测度思路。相比于其他集中度指标，赫芬达尔指数归纳了产业整体结构与绩效标准。其计算公式如式（5.12）所示：

$$x_3 = \sum_{i=1}^{N} (k_i / k)^2 \tag{5.12}$$

其中，k_i 表示每个企业的资产总额；k 表示该行业的资产总额。该指数反映了各个企业在市场中的占有率。该指数越大，说明该行业的集中度越高；反之，则表明行业的集中度越低。

数字创意产业竞争力的基础因素则包括网络基础设施、资金资源、人力资源、文化资源等。这些因素对数字创意产业竞争力起着辅助作用。在变量测度中，分别采用互联网普及率（y_1）、流动资产周转率（y_2）、企业从事 R&D 人员数量（y_3）和专利申请数量（y_4）这四个指标分别表示基础因素中的网络基础设施、资金资源、人力资源和文化资源。其中，采用专利申请数量测度企业文化资源，是考虑到专利申请数量可以衡量企业的创新文化氛围和创业精神，体现企业将技术优势和知识优势转变为品牌优势和市场优势的变现手段。

数字创意产业竞争力的环境因素来自产业外部，主要包括政府作用、法治环境、文化消费市场等方面。在变量测度中，分别采用政府补助资金（z_1）、各地区市场化指数（z_2）和高等学校在校生数量（z_3）这三个指标表示政府作用、法治环境和文化消费市场。法治环境对数字创意产业的影响主要是在数字化知识产权的保护方面，这和市场化水平密切相关。樊纲和王小鲁编制了中国各地区历年以来的市场化指数，该指数从政府和市场关系、非国有经济发展、产品市场发育程度、要素市场发育程度、市场中介组织发育和法治环境五个方面来构建，它能够准确地测度中国各地区的法治环境。文化娱乐消费倾向反映了普通居民对文化创意产业的重视程度，而高等学校在校生数量反映了文化创意产业的主力消费军的力量，所以这里采用高等学校在校生数量衡量一个地区的文化消费市场。

本章计量回归主要包括被解释变量——数字创意产业竞争力水平和上述 10 个重要的解释变量。所有变量的测度方法及其在计量回归中的处理如表 5.1 所示。在计量回归中，为了防止数据过大可能导致的异方差问题，对企业 R&D 费用总额（x_1）、企业资产总额（x_2）、企业 R&D 人员数量（y_3）、专利申请数量（y_4）和高等学校在校生数量（z_3）等指标的原始数据均取对数。

表 5.1　所有解释变量的测度

影响因素类型	衡量维度	测度指标	注释
核心因素	科技创新	企业 R&D 费用总额（x_1）	变量取自然对数
	企业素质	企业资产总额（x_2）	变量取自然对数

续表

影响因素类型	衡量维度	测度指标	注释
核心因素	产业组织结构	企业资产总额的赫芬达尔指数（x_3）	借鉴产业空间集中度的计算思路
基础因素	网络基础设施	互联网普及率（y_1）	一个地区经常使用互联网的人口比例
	资金资源	流动资产周转率（y_2）	营业收入/流动资产平均占用额×100%
	人力资源	企业 R&D 人员数量（y_3）	变量取自然对数
	文化资源	专利申请数量（y_4）	变量取自然对数
环境因素	政府作用	政府补助资金（z_1）	公司从政府无偿取得货币性资产和非货币性资产
	法治环境	各地区市场化指数（z_2）	源自樊纲和王小鲁编制的中国各地区市场化指数
	文化消费市场	高等学校在校生数量（z_3）	变量取自然对数

在对样本数据进行回归之前，对所有变量进行统计性描述，如表 5.2 所示。表 5.2 中的第一列数据是重点关注的被解释变量——数字创意产业的竞争力水平指标（又称为因变量），其他则为前文所述的解释变量。从变量的统计性描述可以看出，这些指标测度的量纲不同，例如企业 R&D 费用总额、企业资产总额、企业 R&D 人员数量、专利申请数量、高等学校在校生数量，这些数据的波动幅度非常大。按照通常的处理方式，对这些数量级很大的指标均取自然对数进行回归，这会降低数值之间的差别，缩小可能存在的异方差问题，对线性模型中的变量取自然对数不会改变回归系数的正负号。

表 5.2 变量的统计性描述

变量名	平均值	标准差	最小值	最大值
产业竞争力（I）	0.012	0.394	−1.124	3.614
企业 R&D 费用总额（x_1）	3.66×10^8	1.11×10^9	2000000	1.30×10^{10}
企业资产总额（x_2）	9.73×10^9	2.40×10^{10}	3.10×10^8	3.00×10^{11}
赫芬达尔指数（x_3）	0.045	0.014	0.032	0.071
互联网普及率（y_1）	0.655	0.011	0.384	0.778
流动资产周转率（y_2）	1.098	0.670	0.066	10.060
企业 R&D 人员数量（y_3）	1195	2792	8	31703
专利申请数量（y_4）	19	157	0	3062
政府补助资金（z_1）	1.51×10^7	9.35×10^7	0	1.90×10^9
各地区市场化指数（z_2）	8.67	1.39	0.80	9.95
高等学校在校生数量（z_3）	1378177	555306	35643	2100000

第二节 中国数字创意产业竞争力影响因素的计量检验结果及分析

一、基本结果分析

正如前面数据描述和计量检验方法所述，本章的样本构成面板数据，对面板数据可以采取随机效应模型和固定效应模型两种计量回归方法。为确定使用哪种方法，首先对本节的所有回归均采用两种方法，然后针对两种回归结果进行豪斯曼检验。所有豪斯曼检验结果都是拒绝随机效应模型，而接受固定效应模型。由于篇幅所限，只报告面板数据的固定效应模型回归结果。这也和大多数实证研究一致，由于随机效应的假设过于苛刻，在大多数实证研究中，都是采用面板数据的固定效应模型。豪斯曼检验结果说明，个体企业的固定效应和计量模型中所有解释变量是相关的。该结果的经济含义可能是，数字创意产业比较特殊，影响其产业竞争力的一些不随时间变化的不可观测因素，如制度、所有制结构、企业文化等，也和核心因素、基础因素和环境因素等高度相关。所以，只有运用固定效应模型估计面板数据，才可以得到更有效率的估计结果。

1. 核心因素的影响

数字创意产业的核心因素是在数字创意产业竞争力形成中起关键作用的因素，包括科技创新、企业素质和产业组织结构。首先运用面板数据的固定效应模型实证检验核心因素对数字创意产业竞争力的影响，回归结果如表 5.3 的第二列所示。表 5.3 第二列回归结果显示，科技创新的代理变量——企业 R&D 费用总额（x_1）对数字创意产业竞争力的影响作用在 1% 的统计性水平上显著为正。这验证了第三章的理论分析，在数字创意产业竞争力的核心因素中，科技创新是最关键的。其次，企业素质的代理变量——企业资产总额（x_2）对数字创意产业竞争力的影响作用在 1% 的统计性水平上显著为负。这个回归结果和理论预期不一致，认为可能的原因在于企业资产总额并不能完全测度数字创意产业在创新、创造、技术、人才、管理、规模等方面的竞争优势。根据产品生命周期理论，典型的产品生命周期一般可分为四个阶段——进入期、成长期、饱和期和衰退期，数字创意产业大多处于成长期。相比于传统产业，企业资产总额一般不会很高。当企业资产总额很高时，可能就是逐渐步入饱和期或者衰退期，产业竞争力必然会下降。最后，产业组织结构的代理变量——企业资产总额的赫芬达尔指数（x_3）对数字创意产业竞争力的影响为正，但是并不具有显著性。由于样本数据所限，认为这个回归结果基本和理论预期一致。这个回归结果恰好说明，一个国家或地区要提升数字创意产业的竞争力，应该培植若干个规模较大的数字创意企业或数字创意企业集团，同时还应该扶植与之协作配套中小微数字创意企业，这样更有利于加强企业之间的竞争与合作，以激发技术创新。否则，单纯培植大型数字创意企业会导致孤军深入，无法提升竞争力。由于这三个变量都是刻画核心因素，还需进一步对它们的联合显著性进行检验，F 统计量等于 34.62，检验结果说明核心因素对数字创意产业竞争力的影响显著不等于 0。

2. 基础因素的影响

数字创意产业的基础因素是影响数字创意产业竞争力的基本要素，主要包括网络基础设施、资金资源、人力资源、文化资源等因素。接下来再运用面板数据的固定效应模型实证检验基础因素对数字创意产业竞争力的影响，回归结果如表5.3 的第三列所示。表 5.3 第三列回归结果显示，所有变量的回归系数均和第三章的理论分析结果一致。网络基础设施的代理变量——互联网普及率（y_1）对数字创意产业竞争力的影响作用在 1% 的统计性水平上显著为正。这说明，提升数字创意产业竞争力需要有一个相应完善的基础设施与之配套。资金资源的代理变量——流动资产周转率（y_2）对数字创意产业竞争力的影响作用在 1% 的统计性水平上显著为正。这说明，数字创意产业的发展需要资金支持和有效的资本运作。人力资源的代理变量——企业 R&D 人员数量（y_3）对数字创意产业竞争力的影响作用在 1%的统计性水平上显著为正。这说明，除了物质资源之外，数字创意产业竞争力的提升还依赖人力资源。文化资源的代理变量——专利申请数量（y_4）对数字创意产业竞争力的影响作用只在 10% 的统计性水平上显著为正。之所以这个变量统计性只有 10%，可能原因在于文化资源有更丰富的内涵，专利申请数量这个单一指标并没有完美地测度企业的文化资源。总体来说，其他三个变量测度比较准确，所以系数的回归结果也符合理论预期。

3. 环境因素的影响

数字创意产业的环境因素来自产业外部，主要包括政府作用、法治环境和文化消费市场等。最后再运用面板数据的固定效应模型实证检验环境因素对数字创意产业竞争力的影响，回归结果如表 5.3 的第四列所示。政府作用的代理变量——政府补助资金（z_1）对数字创意产业竞争力的影响作用在 10% 的统计性水平上显著为正。这说明，一个国家和地区要发展数字创意产业，政府需要在投融资、财政、税收等政策方面加大扶持力度。法治环境的代理变量——各地区市场化指数（z_2）对数字创意产业竞争力的影响作用也在 10% 的统计性水平上显著为正。这说明，对数字创意产业需要加强数字化的知识产权保护，市场化的法治环境至关重要。只有市场化越高，才越有利于保护知识产权。文化消费市场的代理变量——高等学校在校生数量（z_3）对数字创意产业竞争力的影响作用在 5% 的统计性水平上显著为负，这和理论预期并不一致，其可能的原因在于高等学校在校生数量并不能准确测度文化消费市场。文化消费不仅包含文化性和精神性等本质属性，而且还具有知识性、娱乐性、创新性、文化传承性等基本特征。高等学校在校生对数字创意产业的消费更多只是体现在娱乐性方面，这些产业本身也属于数字创意产业的低端。所以，高等学校在校生数量可能会促进娱乐性数字创意产业，而没有提升整个数字创意产业竞争力。

最后，将核心因素、基础因素和环境因素全部一起作为解释变量进行回归，结果如表 5.3 的第五列所示，所有变量的回归系数和显著性与前面的回归结果是基本类似的。通过比较这些变量回归系数大小，可以看出核心因素的代理变量——企业 R&D 费用总额（x_1）、企业资产总额（x_2）和企业资产总额的赫芬达尔指数（x_3）均大于基础因素和环境因素的代理变量。这验证了前文的理论分析，核心因素是数字创意产业竞争力的关键。其次，从表 5.3 中所有模型回归的拟合优度来看，核心因素能够解释数字创意产业竞争力变动的 12.08%，基础因素能够解释数字创意产业竞争力变动的 9.73%，而环境因素只能解释数字创意产业竞争力变动的 2.44%，将所有因素一起作为解释变量进行回归时，拟合优度则上升到 20.53%。该结果进一步验证了这个结论，而核心因素又在数字创意产业竞争力的形成中起着主导的作用，基础因素则在数字创意产业竞争力中起着辅助作用。所以，相对于基础因素和核心因素，环境因素是数字创意产业竞争力形成的间接因素。

表5.3　计量检验的基本结果

解释变量	模型（1）	模型（2）	模型（3）	模型（4）
企业 R&D 费用总额（x_1）	0.148*** (10.14)			0.133*** (4.85)
企业资产总额（x_2）	−0.127*** (−7.24)			−0.132*** (−7.89)
企业资产总额的赫芬达尔指数（x_3）	1.411 (1.49)			0.535 (0.49)

解释变量	模型（1）	模型（2）	模型（3）	模型（4）
互联网普及率（y_1）		0.031***		0.022*
		(3.44)		(1.73)
流动资产周转率（y_2）		0.121***		0.129**
		(5.80)		(2.34)
企业 R&D 人员数量（y_3）		0.043***		−0.001
		(3.88)		(−0.04)
专利申请数量（y_4）		0.018**		0.016**
		(2.23)		(2.06)
政府补助资金（z_1）			0.031*	0.002
			(1.70)	(1.06)
各地区市场化指数（z_2）			0.007*	0.002*
			(1.64)	(1.71)
高等学校在校生数量（z_3）			−0.124***	−0.129***
			(−4.39)	(−4.49)
常数项	0.022	−0.624***	1.166**	1.905***
	(0.10)	(−6.23)	(2.26)	(3.42)
年份虚拟变量	控制	控制	控制	控制
观测值	760	760	760	760
调整后拟合优度	0.1208	0.0973	0.0244	0.2053
回归方法说明	面板固定效应	面板固定效应	面板固定效应	面板固定效应

注：回归系数下面括号内为 t 统计量，都是通过异方差稳健标准误所测算得出；*、** 和 *** 分别表示回归系数在 10%、5% 和 1% 的统计性水平上显著；以下所有表格回归均相同。

二、稳健性检验

为保证前面基本回归结果的稳健性，下面再针对总体样本进行稳健性检验。考虑到我国区域经济发展的不平衡，不同区域数字创意产业竞争力的影响因素会存在异质性。从 1978 年改革开放以来，我国以区域非均衡发展为主要特征。经过几十年不断地摸索，我国在区域发展的格局上经历了东中西三大地带、东中西加上东北四大板块、"三大五小"和六个核心经济圈、四类主体功能区等演变。随着区域均衡发展战略向不均衡发展战略的转型，我国的区域概念体现为东部、西部、中部三大地带，梯度推移理论也成为决策部门划分三大经济地带的依据。东部由于区位优势明显，现实基础较好，从而获得中央优惠政策的倾斜，利用资源要素的极化效应，经济活动集聚，实现了快速发展。作为改革开放的重点地区，东部沿海最先开放的地区在广东和福建，最早的经济特区设置在深圳和珠海。作为改革开放的排头兵，经济特区被认为是中国解放和发展生产力、释放经济活力的重大制度创新。其后陆续设立的经济开发区（国家级）也主要分布在东部沿海地区。由此，东中西三大地带成为国家经济社会统计的一个区域划分依据。这里将总体样本划分为东部、中部和西部三类子样本分别进行回归❶，回归结果如表5.4所示。

表5.4中的第二列为东部地区数字创意产业的回归结果。从回归结果可以看出，东部地区的回归结果和总体样本是基本一致的。不过也在以下方面存在差异：首先，互联网普及率（y_1）对数字创意产业竞争力的影响并不显著，这说明东部地区已经具备发展数字创意产业的网络基础设施。其次，在所有影响因素中，资金资源的代理变量——流动资产周转率（y_2）对数字创意产业竞争力的影响作用最大。中小企业融资难是一个世界性难题，数字创意产业大多是中小微企业，它们也面临同样的困境。在东部地区发展数字创意产业，国家应该注重破解融资难的问题，这是提升产业竞争力最有效的途径。最后，各地区市场化指数（z_2）对东部地区数字创意产业竞争力的影响也不显著，该回归结果是很容易解释的。按照樊纲和王小鲁对中国各地区市场化指数的测算结果，市场化程度最高的地区是广东、浙江、江苏、上海等东部沿海地区，这些地区的市场化程度远远高于中、西部地区，而且市场化已经接近最高水平。所以，未来我国应该着眼于提升中、西部地区的市场化水平。

表5.4中的第三列为中部地区数字创意产业的回归结果。从回归结果可以看出，中部地区的回归结果和东部地区是基本一致的。不过也存在以下方面的差异：第一，政府作用的代理变量——政府补助资金（z_1）对数字创意产业竞争力的影响作用在5%的统计性水平上显著为正。这说明，和东部地区不同，中部地区数字创意产业的发展还是依赖政府的扶持。第二，人力资源的代理变量——企业R&D人员数量（y_3）对数字创意产业竞争力的影响作用在1%的统计性水平上显著为正。这说明，人力资源对中部地区数字创意产业发展依然有巨大的促进作用。最近几年，中部地区很多二线城市都发布了吸引人才的优惠政策，引起了国内很多城市的关注和共鸣，这背后的原因是人力资源的流向已经逐渐成为城市发展的焦点性

---

❶ 我国东、中、西部三大地区划分为：东部地区包括北京、天津、河北、辽宁、上海、江苏、浙江、广东、福建、山东、广西和海南12个省（区、市）；中部地区包括山西、内蒙古、吉林、黑龙江、安徽、江西、河南、湖南、湖北9个省（区）；西部地区包括重庆、四川、贵州、云南、西藏、陕西、甘肃7个省（区、市）。

指标。第三，各地区市场化指数（z_2）对中部地区数字创意产业竞争力的影响在 10% 的统计性水平上显著为正。这说明，中部地区市场化程度很低，如湖北、安徽、河南等典型省份的市场化指数都在 7~8 之间，而沿海省份则都在 10 左右。

表 5.4 中的第四列为西部地区数字创意产业的回归结果。从回归结果可以看出，西部地区的回归结果呈现出非常大的差异。企业 R&D 费用总额（x_1）、互联网普及率（y_1）、流动资产周转率（y_2）等变量对数字创意产业竞争力的影响均不显著。企业 R&D 人员数量（y_3）和各地区市场化指数（z_2）的回归系数和中部地区相同，其经济含义和政策含义也和中部地区相似，这里不再赘述。

表 5.4　计量检验的基本结果

解释变量	东部地区	中部地区	西部地区
企业 R&D 费用总额（x_1）	0.135*** （5.11）	0.205*** （3.75）	−0.134 （−1.24）
企业资产总额（x_2）	−0.152*** （−7.75）	−0.066* （−1.83）	−0.059 （−0.76）
企业资产总额的赫芬达尔指数（x_3）	0.655 （0.49）	−0.128 （−0.05）	−2.541 （0.64）
互联网普及率（y_1）	0.020 （0.07）	0.011* （1.86）	−0.011 （−0.58）
流动资产周转率（y_2）	0.141*** （6.33）	0.105** （1.81）	−0.041 （−0.50）
企业 R&D 人员数量（y_3）	0.014 （0.55）	0.162*** （3.03）	0.253** （2.04）
专利申请数量（y_4）	0.017** （1.85）	0.008 （0.49）	0.016 （0.59）
政府补助资金（z_1）	−0.001 （−0.07）	0.009** （2.10）	0.007 （0.81）
各地区市场化指数（z_2）	−0.012 （−0.79）	0.041* （1.61）	0.153** （1.95）
高等学校在校生数量（z_3）	−0.152*** （−4.70）	−0.366*** （−2.79）	−0.525*** （−3.40）
常数项	2.843*** （4.18）	3.769** （2.13）	9.002*** （3.58）

解释变量	东部地区	中部地区	西部地区
年份虚拟变量	控制	控制	控制
观测值	624	84	52
调整后拟合优度	0.2079	0.1208	0.4853
回归方法说明	面板固定效应	面板固定效应	面板固定效应

第三节 中国数字创意产业竞争力影响因素的空间计量分析

一、空间面板计量模型构建

前文对数字创意产业竞争力影响因素的实证分析主要是从产业层面进行。这个维度不仅能获取更多样本数据，而且也能更精确地捕捉影响效应，但是却无法捕捉到数字创意产业竞争力的空间效应和辐射作用。

纵观现有研究文献，很少涉及产业竞争力影响因素的空间效应。基于此，接下来本节运用空间面板模型进一步从地区层面考察中国数字创意产业竞争力的空间外溢效应及其影响因素，以期为政府制定数字创意产业的发展政策提供科学参考和理论依据。

Anselin（1988）通过在传统计量方程中纳入空间效应，最先提出空间计量经济学方法。空间计量经济学的最大特色是充分考虑横截面单位的空间依赖性。具体来说，空间效应包括空间依赖性和空间异质性。当然，传统计量经济学也考虑横截面单位之间的异质性（例如异方差），所以空间计量经济学的关注重点是空间依赖性。

本节在数字创意产业竞争力回归方程的基础上，融入空间面板模型来分析数字创意产业竞争力的影响因素，这就需要在前面介绍的计量方程中加入表征空间滞后或空间误差的项。这里主要采用三种常见的空间计量模型，不同模型对应不同交互效应的设定方式。

第一种最普遍存在的可能性是，空间交互效应或空间自相关来源于数字创意产业竞争力，例如上海数字创意产业的竞争力会影响江苏或者浙江，因为它们距离很近。相反，上海和广东的相互影响可能几乎接近于零，传统计量模型无法考虑这类相关性。为验证这种空间相关性，构建如式（5.13）所示的空间面板滞后模型：

$$I_{it} = \rho \sum_{j=1}^{N} w_{ij} I_{ij} + X_{it}' \beta + Y_{it}' \chi + Z_{it}' \delta + \mu_i + \varepsilon_{it} \tag{5.13}$$

其中，w_{ij} 是空间权重矩阵 W 的某个元素，也就是中国各地区空间相关性的强弱。其他变量均和前文含义相同。

除了因变量本身之外，空间依赖性可以通过计量方程中的误差项来体现。在传统计量模型中，误差项的含义是数字创意产业竞争力不能被解释变量所解释的部分，这部分可能包括文化、制度、企业家精神、历史、地理等各种无法直接测度的因素。例如江苏和浙江相邻，这两个省份独特的商业文化都有助于它们发展数字文化创意产业，这些因素均进入不可观察的误差项，所以这些误差项是存在空间相关性的。为验证这种空间相关性，构建如式（5.14）所示的空间面板误差模型：

$$I_{it} = X_{it}' \beta + Y_{it}' \chi + Z_{it}' \delta + \mu_i + \varepsilon_{it}$$
$$\varepsilon_{it} = \lambda \sum_{j=1}^{N} w_{ij} \varepsilon_{it} + \upsilon_{it} \tag{5.14}$$

数字创意产业竞争力的空间依赖效应还可能来自各省份之间内生和外生的交互效应。数字创意产业竞争力除了受到自身的核心因素、基础因素和环境因素之外，还可能受到相邻省份的影响。尤其是基础因素和环境因素的影响可能更明显。为验证这种空间相关性，构建如式（5.15）所示的空间面板杜宾模型：

$$I_{it} = \rho \sum_{j=1}^{N} w_{ij} I_{ij} + \theta \sum_{j=1}^{N} w_{ij} X_{it}' + \beta X_{it}' + Y_{it}' \chi + Z_{it}' \delta + \mu_i + \varepsilon_{it} \tag{5.15}$$

其中，θ 表示空间滞后解释变量的系数，其他变量的含义均和前文相同。这个计量模型也被称为空间面板交互模型。

在确定是否采用空间计量经济学方法时，首先还要考察中国各省域数字创意产业竞争力是否存在空间依赖性。如果不存在，则只需要使用传统计量经济学方法。如果存在，则必须使用空间计量方法以克服计量检验的偏误。比照时间序列，空间数据也可称为空间序列。这是因为时间序列可以视为在时间轴上分布的随机过程，而空间数据则为在空间分布的随机过程。时间序列的一个重要特征当然是可能存在自相关，尤其是一阶自相关。而对于空间序列，自相关的情形更为复杂。

在第四章，通过莫兰指数已经显示出我国各省份数字创意产业的竞争力并非随机分配，而是呈现出空间集聚特征，所以这里应该采用空间计量模型考察地区层面的数字创意产业竞争力的影响因素。

二、空间计量回归结果分析

在构建经济权重矩阵之后，再分别采用以上介绍的三种空间面板模型进行回归，回归结果如表5.5所示。三种空间面板模型的回归结果基本一致，实证分析以空间杜宾模型的结果为依据。空间杜宾模型的回归结果显示，我国各省份数字创意产业竞争力的空间滞后参数 ρ 显著为正，表明来自其他省份的因素会对本地区数字创意产业竞争力产生影响。其次，所有控制变量的回归结果也均和理论预期一致，除了城乡收入差距之外，政府补助、地区人均GDP、市场化水平、研发支出、高等学校在校生数量、交通基础设施对数字创意产业竞争力的影响作用均显著为正。

表5.5 空间面板模型的基本回归结果

解释变量	空间面板滞后模型	空间面板误差模型	空间面板杜宾模型
政府补助	0.452*	0.734	0.553
	(1.81)	(0.906)	(0.206)
城乡收入差距	−0.152***	−0.135***	−0.189***
	(−7.75)	(−4.97)	(−5.96)
地区人均GDP	1.531***	2.723***	1.615***
	(2.59)	(3.07)	(2.79)
市场化水平	0.004**	0.009**	0.004**
	(2.07)	(2.35)	(1.95)
研发支出	0.341***	0.625***	0.546***
	(3.23)	(2.73)	(2.96)
高等学校在校生数量	0.897**	1.245***	0.697*
	(2.05)	(2.97)	(1.89)
交通基础设施	0.017**	0.028**	0.015
	(1.85)	(1.95)	(0.83)
空间滞后参数 ρ	0.567***		0.369***
	(3.18)		(3.58)
空间误差滞后参数 λ		0.443***	
		(2.57)	

表 5.5 中所有控制变量的回归系数是有偏差的，还需要进一步探究空间效应，才能得到更具体的现实政策含义，这也是空间计量模型的主要功能。简单来说，空间溢出效应就是指空间计量模型中某个解释变量对被解释变量数字创意产业竞争力的边际效应，也就是数学中的导数含义。解释变量 X 和被解释变量 I 都是列向量，某个解释变量的边际效应就是一个如式（5.16）所示的雅可比矩阵：

$$\frac{\partial \mathbf{I}}{\partial \mathbf{X}} = \begin{bmatrix} \frac{\partial I_1}{\partial x_1} & \cdots & \frac{\partial I_1}{\partial x_n} \\ \vdots & & \vdots \\ \frac{\partial I_k}{\partial x_1} & \cdots \frac{\partial I_k}{\partial x_k} \cdots & \frac{\partial I_k}{\partial x_n} \\ \vdots & & \vdots \\ \frac{\partial I_n}{\partial x_1} & \cdots & \frac{\partial I_n}{\partial x_n} \end{bmatrix} = \begin{bmatrix} \frac{\partial I_1}{\partial x_1} & \cdots & 0 \\ \vdots & & \vdots \\ 0 & \cdots \frac{\partial I_k}{\partial x_k} \cdots & 0 \\ \vdots & & \vdots \\ 0 & \cdots & \frac{\partial I_k}{\partial x_k} \end{bmatrix} + \begin{bmatrix} 0 & \cdots & \frac{\partial I_1}{\partial x_n} \\ \vdots & & \vdots \\ \frac{\partial I_k}{\partial x_1} & \cdots 0 \cdots & \frac{\partial I_k}{\partial x_n} \\ \vdots & & \vdots \\ \frac{\partial I_n}{\partial x_1} & \cdots & 0 \end{bmatrix} \quad (5.16)$$

最后一个表达式的第一项就是直接效应，即空间单位对自身的影响。平均直接效应就是这个对角矩阵对角线上所有元素之和，如式（5.17）所示：

$$\text{平均直接效应} = \frac{1}{n}\sum_{i=1}^{n}\frac{\partial I_i}{\partial x_i} \quad (5.17)$$

最后一个表达式的第二项就是间接效应，即空间单位对周边其他单位的影响，例如上海市对江苏省和浙江省的影响。平均间接效应就是矩阵中所有非对角线元素之和，如式（5.18）所示：

$$\text{平均间接效应} = \frac{1}{n}\sum_{i=1}^{n}\sum_{j=1, j\neq i}^{n}\frac{\partial I_i}{\partial x_j} \quad (5.18)$$

平均总效应就是上述两项之和。对于传统的计量模型来说，间接效应等于 0，所以总效应就等于直接效应。空间计量模型则可以将数字创意产业竞争力的空间效应分解，以便更深入地理解不同变量变化对系统各部分影响的冲击。

表 5.6 所示即为以表 5.5 的回归结果为基础的直接效应和间接效应的分解。政府补助的直接效应显著为正，但是间接效应却并不显著。这说明政府补助确实能提高各省份数字创意产业的竞争力。由于国内各省份之间的竞争关系，使得本地政府补助提高可能会对其他省份产生很强的挤出效应。地区人均 GDP 水平的直接效应、间接效应和总效应都是显著为正，经济发展水平的不断提高，均能提升本地区和其他地区数字创意产业的竞争力。城乡收入差距的直接效应显著为负，间

接效应为正，而总效应却并不显著。这说明，城乡收入差距扩大不利于本省数字创意产业发展，但却有利于其他地区数字创意产业发展。对于地方政府而言，必须缩小收入差距，否则地区之间的竞争将可能制约当地数字创意产业。市场化水平的直接效应、间接效应和总效应均显著为正。这说明，提高市场化水平更有利于形成统一市场，无论对本地还是其他省份都是有益的。研发支出、大学生数量和交通基础设施的直接效应、间接效应和总效应都是显著为正，但它们三者又有不同的含义。研发支出和交通基础设施的间接效应或者说空间外溢效应非常大，几乎和直接效应在总效应中所占比重相同。这说明，地方政府若通过加大研发支出和增加交通基础设施投资，所产生的外部性非常大。所以，中央政府应该在这方面承担更多的支出，能更有效提升我国数字创意产业的竞争力。

表 5.6　以参数回归结果为基础的空间溢出效应

变量	直接效应		间接效应		总效应	
	系数	t 值	系数	t 值	系数	t 值
政府补助	0.543*	1.839	0.292*	1.957	0.835*	1.862
地区人均 GDP	1.674***	3.245	1.847***	2.789	3.521***	3.165
城乡收入差距	−0.525**	−2.120	0.171	0.680	−0.354	−0.940
市场化水平	0.014***	2.850	0.012**	2.210	0.026**	1.890
研发支出	0.582***	3.670	0.361***	3.250	0.943***	4.510
大学生数量	1.976**		0.566**		2.541**	
交通基础设施	0.054***		0.021***		0.075***	

第四节　中国数字创意产业竞争力形成机理的计量检验结果及分析

一、研究假说和计量方法

前文第三章的理论分析系统归纳出数字创意产业竞争力的三种驱动力量——需求驱动、生产驱动和创新驱动。在现实中，数字创意产业是千差万别的，所以这三种类型的驱动机理应该适用于各类型的数字创意产业。本节内容进一步将数字创意产业细化分类，实证检验这三种产业竞争力的驱动机理。数字创意产业差别很大，可以根据行业是否具有生产性划分为消费性数字创意产业及生产性数字创意产业两大类。

消费性数字创意产业的发展主要源于数字创意企业、民营经济体或个人的消费需求，进而产生自下而上的拉动力量。和传统消费性产业不同，这种产业的消费主要呈现出碎片、虚拟、社交、延伸、沉浸等特征。很显然，大学生群体是消费性数字创意产业最重要的消费者。这种来自民间的自发力量一旦形成，就会通过循环累积因果效应逐渐增强。所以，结合前文对需求驱动机理的分析，消费性数字创意产业的竞争力是由需求驱动的，而并不取决于传统的生产要素。

生产性数字创意产业具有制造性质，和传统制造业相似，其发展会受制于生产要素。在数字创意产品生产过程中，人力资源、资金资源和文化资源是其基本的生产要素，这些生产要素与信息技术创新的互动融合带来"生产要素的新组合"，推动产生先进的数字创意科技生产要素。人力资源结构的优化、资本的流通和技术资源的配置为产业升级提供必要的物质基础，推动人力、资本、文化等传统生产要素升级为高端的数字创意科技人才、新型的数字金融和先进的数字文化资源等高级要素，为数字创意产业升级提供更强大的要素基础。在这个过程中，不同生产要素的组合也会日益融合，通过循环累积因果效应，对生产性数字创意产业竞争力形成越来越强的促进作用。所以，结合前文对需求驱动机理的分析，生产性数字创意产业的竞争力主要是由生产驱动的，而并不取决于传统的生产要素。

数字创意产业的创新能力主要包括数字创意企业的创意能力、设计能力、新产品的研发能力、专利与品牌的营销推广能力等，它们是数字创意产业竞争力最关键的核心驱动力。无论是消费性数字创意产业，还是生产性数字创意产业，都会由创新能力驱动。

接下来就是将本章的总体样本分为消费性数字创意产业和生产性数字创意产业，对每类子样本实证检验产业竞争力的驱动机理。根据第二节所使用的变量，以高等学校在校生数量作为需求驱动力的代理变量，以流动资产周转率（y_2）、企业 R&D 人员数量（y_3）和专利申请数量（y_4）这三个分别表示资金资源、人力资源和文化资源的指标，作为生产驱动力的代理变量，以企业 R&D 费用总额（x_1）作为创新驱动力的代理变量。

驱动力的特点是呈现出循环累积因果效应——数字创意产业竞争力水平越高，其影响作用越大。在迄今为止的回归模型中，只能考察解释变量对被解释变量的平均影响，实际上是均值回归。为了考察驱动力的循环累积因果效应——数字创意产业竞争力不同分位点的样本如何受到解释变量的异质性影响，采用分位数回归方法。和传统最小二乘法相比，分位数回归使用残差绝对值的加权平均作为最小化的目标函数，分位数对异常值的敏感程度也远远小于均值回归。分位数回归的主要思想是假定被解释变量数字创意产业竞争力条件分布的总体 q 分位数 $I_q(X)$ 是 X 的线性函数，如式（5.19）所示：

$$I_q = X_i'\beta_q + \varepsilon_i \tag{5.19}$$

那么对于任意分位数，其分位数回归的目标函数如式（5.20）所示：

$$\mathrm{V}\left(\beta_q; q\right) = q \sum_{I_i > X_i'\beta_q} \left|I_i - X_i'\beta_q\right| + (1-q) \sum_{I_i < X_i'\beta_q} \left|I_i - X_i'\beta_q\right| \tag{5.20}$$

对于任何 q 分位数估计，可以通过目标函数最小化得到分位数的回归系数，如式（5.21）所示：

$$\hat{\beta}_q = \mathrm{argmin}\left[\sum_{I_i > X_i'\beta_q} \left|I_i - X_i'\beta_q\right| + (1-q) \sum_{I_i < X_i'\beta_q} \left|I_i - X_i'\beta_q\right|\right] \tag{5.21}$$

二、分位数回归结果分析

1. 消费性数字创意产业回归结果

分位数回归可以全面刻画数字创意产业竞争力分布情况，表 5.7 为消费性数字创意产业 10%、25%、50%、75% 和 90% 分位点的回归结果。重点关注的是需求驱动的代理变量高等学校在校生数量和创新驱动的代理变量企业 R&D 费用总额，在不同分位数的回归结果均不相同。高等学校在校生数量的回归系数虽然为负，但是回归系数却是呈现上升趋势，尤其是产业竞争力水平达到 90% 分位数时，这种负影响变得不显著。这说明，当消费性数字创意产业竞争力越来越高时，需求驱动会越来越显著。企业 R&D 费用总额的回归系数逐渐从负变为显著为正，尤其是在 75% 分位数时达到最大影响。当数字创意产业竞争力超过 90% 分位数时，创新驱动就不再明显。其他变量的回归系数在不同分位数水平均没有呈现出从小到大的变化规律，这进一步说明消费性数字创意产业竞争力的形成机理主要还是来自创新驱动和需求驱动。

表 5.7 消费性数字创意产业的分位数回归结果

解释变量	10%	25%	50%	75%	90%
高等学校在校生数量	-0.135^{**} (-2.48)	-0.109^{***} (-3.92)	-0.142^{***} (-6.37)	-0.142^{***} (-3.58)	-0.112 (-1.04)
流动资产周转率	0.123^{***} (2.70)	0.102^{**} (2.52)	0.101^{**} (2.09)	0.092 (1.08)	0.036 (0.27)
企业 R&D 人员数量	0.068 (0.89)	0.058 (1.32)	0.069^{**} (2.17)	0.045 (0.81)	0.052 (0.65)
专利申请数量	0.035 (1.30)	0.021 (1.26)	0.004 (0.19)	0.039 (0.71)	0.189 (1.63)
企业 R&D 费用总额	-0.039 (-0.48)	0.009 (0.22)	0.002 (0.07)	0.028^{***} (0.58)	0.019 (0.23)
样本数	268	268	268	268	268
拟合优度	0.1028	0.1131	0.1034	0.0891	0.0870

注：分位数括号内为 t 统计量，*、** 和 *** 分别表示回归系数在 10%、5% 和 1% 的统计性水平上显著，以下所有表格回归均相同。

为更直观地了解各个变量对数字创意产业竞争力的影响，图 5.1 进一步画出了不同分位数下需求驱动变量和创新驱动变量的回归系数。从这两个变量的图形可以看出，随着数字创意产业竞争力的分位数提高，回归系数最开始呈现下降。但是达到 75% 的分位数水平时，回归系数都逐渐提高。该图基本与产业竞争力形成机理假说一致，随着消费性数字创意产业竞争力水平的提高，创新驱动和需求驱动的促进作用越来越强。

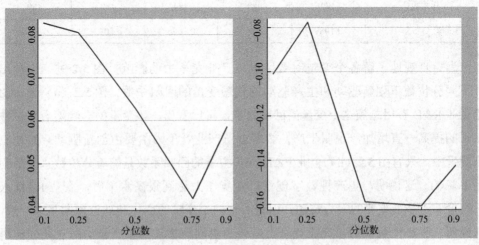

图 5.1 消费性数字创意产业的分位数回归系数

2. 生产性数字创意产业回归结果

表 5.8 为生产性数字创意产业 10%、25%、50%、75% 和 90% 分位点的回归结果。重点关注的是创新驱动的代理变量企业 R&D 费用总额，以及生产驱动的代理变量流动资产周转率、企业 R&D 人员数量和专利申请数量在不同分位数的回归结果。除了企业 R&D 人员数量这个变量之外，其他变量的回归系数都是随着分位数的提高而增加。尤其是创新驱动的代理变量企业 R&D 费用总额在产业竞争力的 90% 分位数水平上达到最大值，这说明生产性数字创意产业的创新驱动大于消费性数字创意产业。需求驱动的代理变量高等学校在校生数量并没有随分位数的变化而出现有规律的变化，所以需求驱动在生产性数字创意产业中并不存在。

表 5.8　生产性数字创意产业的分位数回归结果

解释变量	10%	25%	50%	75%	90%
高等学校在校生数量	-0.044^{**} (-2.82)	-0.027 (-1.27)	-0.045 (-1.04)	-0.097^{***} (-4.61)	0.008 (0.15)
流动资产周转率	0.146^{***} (7.65)	0.109^{***} (9.24)	0.128^{***} (6.00)	0.126^{***} (2.85)	0.127^{***} (3.35)
企业 R&D 人员数量	0.015 (0.71)	-0.001 (-0.12)	-0.047^{**} (-2.19)	-0.167^{***} (-5.70)	-0.241^{***} (-5.51)
专利申请数量	0.017^{**} (2.42)	0.015^{***} (4.45)	0.024^{***} (4.33)	0.038^{***} (3.02)	0.019 (1.46)
企业 R&D 费用总额	0.044^{**} (2.65)	0.065^{***} (5.29)	0.099^{***} (4.88)	0.206^{***} (8.75)	0.285^{***} (6.42)
样本数	489	489	489	489	489
拟合优度	0.1989	0.1860	0.1685	0.2037	0.1751

为更直观地了解各个变量对数字创意产业竞争力的影响，图 5.2 进一步画出了不同分位数下创新驱动和生产驱动的代理变量的回归系数。图 5.2（a）表示的是企业 R&D 费用总额这个变量的回归系数，可以看出，该变量的影响随着分位数水平的提高一直增加，说明生产性数字创意产业竞争力主要由创新驱动。其他三个变量中，只有图 5.2（b）企业 R&D 人员数量的回归系数是随着分位数水平提高而下降的。这说明，生产性数字创意产业竞争力达到很高水平时，企业 R&D 人员数量并不是最重要的人力资源。但是其他两个变量的变化和理论预期基本一致，这说明，生产性数字创意产业竞争力应该是由创新驱动和生产驱动两者共同作用形成。

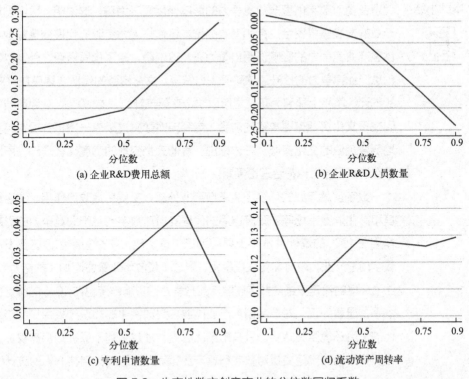

(a) 企业R&D费用总额　　　　　　　　(b) 企业R&D人员数量

(c) 专利申请数量　　　　　　　　(d) 流动资产周转率

图 5.2 生产性数字创意产业的分位数回归系数

本章小结

　　本章实证研究得出的结论总结如下。数字创意产业的核心因素在数字创意产业竞争力形成中起关键作用。首先,在数字创意产业竞争力的核心因素中,科技创新是最关键的。其次,企业素质的代理变量对数字创意产业竞争力的影响作用显著为负。最后,产业组织结构的代理变量对数字创意产业竞争力的影响为正,但是并不具有显著性。由于样本数据所限,认为这个回归结果基本和理论预期一致。这个回归结果恰好说明,一个国家或地区要提升数字创意产业的竞争力,应该培植若干个规模较大的数字创意企业或数字创意企业集团,同时还应该扶植与之协作配套的中小微数字创意企业,这样更有利于加强企业之间的竞争与合作,以激发技术创新。

　　数字创意产业的基础因素是影响数字创意产业竞争力的基本要素,主要包括网络基础设施、资金资源、人力资源、文化资源等因素。网络基础设施的代理变量对数字创意产业竞争力的影响作用显著为正。这说明,提升数字创意产业竞争力需要有相应完善的基础设施与之配套。资金资源的

□ **本章小结**

代理变量对数字创意产业竞争力的影响作用显著为正。这说明，数字创意产业的发展需要资金支持和有效的资本运作。人力资源的代理变量对数字创意产业竞争力的影响作用显著为正。这说明，除了物质资源之外，数字创意产业竞争力的提升还依赖于人力资源。文化资源的代理变量只在10%的统计性水平上显著为正。之所以这个变量统计性只有10%，认为可能原因在于文化资源有更丰富的内涵，专利申请数量这个单一指标并没有完美地测度企业的文化资源。总体来说，其他三个变量的测度比较准确，所以系数的回归结果也符合理论预期。

数字创意产业的环境因素来自产业外部，主要包括政府作用、法治环境和文化消费市场等。政府作用的代理变量对数字创意产业竞争力的影响作用在10%的统计性水平上显著为正。这说明，一个国家和地区要发展数字创意产业，政府需要在投融资、财政、税收等政策方面加大扶持力度。法治环境的代理变量对数字创意产业竞争力的影响作用也在10%的统计性水平上显著为正。对数字创意产业需要加强数字化的知识产权保护，市场化的法治环境至关重要。只有市场化越高，才越有利于保护知识产权。文化消费市场的代理变量对数字创意产业竞争力的影响作用在5%的统计性水平上显著为负，这和理论预期并不一致，其可能的原因在于，高等学校在校生数量并不能准确测度文化消费市场。

为保证基本回归结果的稳健性，本章对总体样本进行稳健性检验。将总体样本划分为东部、中部和西部三类子样本分别进行回归。东部地区的回归结果和总体样本是基本一致的，不过在以下方面存在差异：一是互联网普及率对数字创意产业竞争力的影响并不显著，这说明东部地区已经具备发展数字创意产业的网络基础设施。二是资金资源的代理变量对数字创意产业竞争力的影响作用最大。三是各地区市场化指数对东部地区数字创意产业竞争力的影响也不显著。中部地区数字创意产业的回归结果和东部地区是基本一致的，不过也存在以下方面的差异：一是和东部地区不同，中部地区数字创意产业的发展还是依赖于政府的扶持。二是人力资本对中部地区数字创意产业的发展依然有巨大的促进作用。三是各地区市场化指数对中部地区数字创意产业竞争力的影响显著为正，这说明中部地区市场化程度很低。西部地区数字创意产业的回归结果可以看出，其经济含义和政策含义也和中部地区相似。

□ **本章小结**

本章采用空间计量模型考察地区层面的数字创意产业竞争力的影响因素。空间杜宾模型的回归结果显示，我国各省份数字创意产业竞争力的空间滞后参数 ρ 显著为正，表明来自其他省份的因素会对本地区数字创意产业竞争力产生影响。空间外溢效应的测度结果表明，政府补助确实能提高各省份数字创意产业的竞争力。由于国内各省份之间的竞争关系，使得本地政府补助提高，可能会对其他省份产生很强的挤出效应。经济发展水平不断提高能提升本地区和其他地区数字创意产业的竞争力。城乡收入差距扩大不利于本地区数字创意产业发展，但却有利于其他地区数字创意产业发展。这对地方政府来说，必须缩小收入差距，否则地区之间的竞争将可能制约当地数字创意产业。市场化水平的直接效应、间接效应和总效应均显著为正。这说明，提高市场化水平更有利于形成统一市场，无论对本地还是其他省份都是有益的。研发支出和交通基础设施的间接效应或者说空间外溢效应非常大，几乎和直接效应在总效应中所占比重相同。这说明，地方政府若通过加大研发支出和增加交通基础设施投资，所产生的外部性非常大。所以，中央政府应该在这方面承担更多的支出，能更有效提升我国数字创意产业的竞争力。

本章最后将总体样本分为消费性数字创意产业和生产性数字创意产业，对每类子样本实证检验产业竞争力的驱动机理。为了考察驱动力的循环累积因果效应——数字创意产业竞争力不同分位点的样本如何受到解释变量的异质性影响，采用分位数回归方法。消费性数字创意产业的回归结果表明，当消费性数字创意产业竞争力越来越高时，需求驱动会越来越显著。生产性数字创意产业的回归结果表明，创新驱动的代理变量——企业 R&D 费用总额在产业竞争力的 90% 分位数水平上达到最大值，这说明生产性数字创意产业的创新驱动大于消费性数字创意产业。需求驱动的变量——高等学校在校生数量并没有随分位数变化而出现有规律的变化，所以需求驱动在生产性数字创意产业中并不存在。

第六章

提升中国数字创意产业竞争力的政策思路

　　数字创意产业以"互联网+"作为发展基础，具有世界一体化特征，面临激烈的世界竞争环境，这决定了亟需发展中国数字创意产业的紧要性。因此，基于国家战略视角开展数字创意产业创新发展的理论研究，为建立我国主导的数字创意产业新全球化竞争格局提供理论指引，提供适应我国国情的数字创意产业发展的实施路径，以数字创意产业发展带动周边产业及传统产业升级优化，为全面系统地提升我国软实力的国际竞争力奠定扎实牢固的基础。本章基于我国数字创意产业竞争力评价体系和影响因素的分析，从基础因素、核心因素和环境因素三个维度提出促进我国数字创意产业竞争力的相关政策思路，为应对日益激烈的国际竞争环境提出发展我国数字创意产业的相关战略，并为提高我国数字创意产业竞争力提供参考。

第一节　基于数字创意产业竞争力基础因素的分析

　　数字创意产业的基础因素是影响数字创意产业竞争力的基本要素，包括网络基础设施、资金资源、人力资源、文化资源等因素的基础因素对我国数字创意产业竞争力会产生显著为正的影响，为相关政策思路的提出提供了理论保证。本节拟基于我国数字创意产业竞争力评价和基础因素分析结论，从科学配置先进生产要素、完善文化科技资源共享机制、建立产学研的协同创新机制和推进文化科技融合的基础设施升级四个方面提出相关政策思路，为促进数字创意产业系统性发展的基础因素升级提供参考。

一、科学配置先进生产要素

　　研究表明，网络基础设施、资金资源、人力资源、文化资源对我国数字创意产业竞争力具有显著影响，但各因素的影响程度具有差异性，因而科学配置先进生产要素，能更有效地提升数字创意产业竞争力。

　　首先，结合文化市场需求得到更多高端技术、数字金融、高新人才等生产要素资源，并利用市场整合优化各类生产要素资源配置。其次，通过开发创新要素和科技需求两个市场的潜力，把握科技成果得益权、处置权和使用权，疏通科技与产业之间的障碍，使资源得到充分契合的有效使用。进一步整合各类优质文化资源，建立公共文化资源共享的服务平台，提高数字创意产业资源的外溢效应，使资源得到高集约度的有效使用。最后，高效率地利用产业集聚产生的创新溢出、规模经济报酬递增等外部正效应，形成竞争力更强的数字创意产业价值联盟，让数字文化资源进行新的高效组合与拓展延伸。

总之，需加快数字创意产业技术研发平台的构建，优化配置各要素资源，不断提高科学创新能力和数字文化创意产品的技术附加值，增强我国数字创意产业的国际核心竞争力。

二、完善文化科技资源共享机制

研究表明，数字创意产业竞争力的提升依赖人力资源。科技是第一生产力，因而完善文化科技资源共享机制，对于提高我国人才质量和增加人力资源具有重要意义，可以从以下几个方面完善文化科技资源共享机制。

首先，积极利用各地区已有的标准化文化资源共享平台，运用云存储和云管理等数字技术提取文化内容素材信息，为数字创意企业的内容可视化和质量评估智能化等业务提供精准化和个性化的信息资源。其次，企业间合作参与开发拥有自主知识产权的文化资源的大数据分析和信息服务平台，提高数字创意内容产品制作的科学技术含量，降低企业的资源开发和共享的成本。同时，利用企业间合作开发的共享平台，及时共享用户消费偏好、行业尖端前沿技术和产品最新动态等，提高数字创意产业消费者行为建模分析、智能推送等信息服务质量。最后，建设以图像处理技术为主的共享平台，以便于企业间的技术合作研发沟通，节省研发高新技术的科研经费。具体包括建立扩充以创意内容为基础和以图像处理技术为主体的相关数据库，如数字产业园区的图像技术数据库、图像技术科研数据库等，并联合国内科研机构，如国家重点实验室、IT 产业技术研究中心等合作开发共享数字技术资源，提高数字创意企业的自主科学技术创新水平和能力。

三、建立产学研的协同创新机制

建立产学研的协同创新机制，能有效地将资金资源用于研发，并能促进人力资源和文化资源的提升，对提升数字创意产业竞争力具有重要的促进作用。

首先，积极发挥我国科学教育基础的能力，联合政府、各高等院校和研究机构等众多主体，以人才链、科技创新和产业链为中心，发挥科研主体的优势互补功能，建立利益共享与协同创新的产学研机构。其次，将数字创意企业的人才需求与高等院校的人才培养模式创新统筹协调起来，增加匹配企业需求的高端人才供给，营造育才、引才、留才、用才的人才培养输送机制。最后，有机融合科学技术、金融与文化创意产业，运用风险投资、私募投资、并购重组等传统融资方式和互联网金融等新型科技创新投融资平台，拓宽数字创意产业的融资渠道。

四、推进文化科技融合的基础设施升级

文化科技资源的传播及与传统产业的融合，依赖文化科技融合的基础设施的升级建设。推进文化科技融合的基础设施升级，能更好地促进文化资源对数字创意产业竞争力的正向影响作用。

首先，大力建设"云计算和大数据技术＋互联网和物联网＋终端和APP"为核心内容的基础设施，充分发挥云计算和大数据技术在数字创意产业的运用和快速渗透，促进数字创意产业智能终端和APP开发的崛起。其次，深度融合云端互联网的高端产业基地和科研机构的文化科技创新设施，构建设备信息共享联盟，形成"资源＋数据＋产品＋增值"一体化的服务体系平台。最后，投入资产带动文化产业与高新科技的交叉产业的理论课题研究，为提高数字创意产业的国际竞争力提供强大动力和理论指引。信息全球化促使发展数字创意产业必然依靠现代数字科学技术，将高科技数字元素融入数字创意文化产品，提升数字创意文化产品的科技附加值和产业竞争力。因此，有必要建设文化科技基础设施，促进高新科技创新的自主研究，提高文化创意产业的核心竞争力。

第二节　基于数字创意产业竞争力核心因素的分析

数字创意产业的核心因素包括科技创新、企业素质和产业组织结构，在数字创意产业竞争力的形成中起关键作用，核心因素对我国数字创意产业竞争力具有显著的影响。实施数字创意产业联盟式发展，能有效提升技术的创新能力，优化企业结构，是提升产业竞争力核心因素优势的有效举措。其原因在于：第一，建立符合我国实际的文化体制、政策体系和管理机制的数字创意产业发展联盟，可紧密连接数字创意产业和政府，高效落实执行产业发展政策，规划宏观层面的高级顶层设计；第二，通过对各领域产业资源的融合与共享，搭建协同创新核心平台，建设国家级的协同创新合作平台，把个体的参与者整合联系起来，目的是形成合力实现技术研发及推广，并随着内外部环境的发展变化及联盟参与主体的行为博弈而变化，因此创新合作平台的形成存在着现实必然性；第三，立足于国家

层面的战略谋划，建议成立数字创意国家重点实验室，旨在提高数字创意技术装备创新、数字内容创新及设计创新三个方面，最大限度地发挥数字创意产业的基础优势与创新优势；第四，打造文化产品制作技术服务平台，进行创新性的研究和攻关，研发具有自主知识产权的数字内容制作软件和平台。

因此，本节拟从完善创意人才培养及高端人才引进的机制、搭建数字创意产业创新平台、建设数字创意国家重点实验室及产业联盟、打造文化产品制作技术服务平台四个方面优化我国数字创意产业竞争力核心因素，为高效率地发展数字创意产业联盟提供相关政策思路，为提升我国数字创意产业竞争力提供政策参考。

一、完善创意人才培养及高端人才引进的机制

企业素质的提高对提升数字创意产业竞争力具有显著的影响，而人才是企业素质的重要构成部分。因此建议完善数字创意人才培养及高端人才引进的机制，提高我国数字创意产业的企业素质，能从根本上提高数字创意产业的竞争力。针对数字创意产业具有跨领域和交叉性的特点，当前存在较大的人才缺口。建议实施一流数字创意学院建设示范项目，在全国遴选具有条件的 10 所综合性大学，如清华大学、北京大学、浙江大学等，建设面向新时代的数字创意学院，培养具有国际水平的数字创意战略科技人才和高水平创新人才。通过实施一流数字创意学院建设示范项目，探索数字创意人才培养新思路、新体制、新机制等，实现跨学科系统创新能力的提升，带动和促进更多的高校、企业和社会各方面关系来参与数字创意人才培养工作。

人才是提高文化产业竞争力的核心人力资源，数字创意产业应同时积极引进新兴高科技产业和传统制造产业的高端技术人才，提高数字创意内容产品的科技附加值，有效提升数字创意产业的经济盈利能力；引进大数据处理技术和新媒体营销高端人才，拓展数字创意产业的价值链，创新高端新型服务和业务；引进懂技术、有创意的融合文化和科技的高端综合型人才，提高数字创意产业的综合经济生产盈利能力。在人才培养方面，创新人才培养、交流和产学研合作模式，增强企业人才培养的造血功能，保障优质人才资源在数字创意产业优化转型升级方面积极发挥促进作用。

二、搭建数字创意产业创新平台

实证研究表明，科技创新是促进数字创意产业竞争力提升的关键核心要素，搭建国家级的协同创新合作平台和协同创新核心平台，推动人工智能、大数据、

VR、超高清等技术的创新发展，站在整合创新资源对接全产业链的技术以及开展全球示范的高度，去加快科技转化的速度，降低创新创业的门槛，为数字创意产业的发展建设一个良好的创新生态环境。建立主导产学研有机结合的数字创意产业公共服务平台和示范工程，构建高度集合设计、研发和用户体验的融合创新模式，提高产学研合作效率和数字创意设计的成果转化能力。联合企业、高校和科研机构一起合作研发攻关关键共性技术，提升自主原创性的创意设计能力，着力打造数字创意产业生态环境。充分发挥相关的行业协会及科技社团的支撑作用，支持相关的行业协会成立跨界融合的技术产业中心，鼓励行业协会和科技社团联合创建技术双创平台，提供一些研发设计、检验评测、信息咨询和人才培训等公共服务。

三、建设数字创意国家重点实验室及产业联盟

实证研究发现，产业组织结构对数字创意产业竞争力的影响为正，这说明一个国家或地区要提升数字创意产业的竞争力，应该培植若干个规模较大的数字创意企业或数字创意企业集团。立足于国家层面的战略谋划，可以成立数字创意国家重点实验室和产业联盟。成立产业联盟旨在全面提高数字文化创意技术装备、数字内容和创新设计三个方面的创新力度，掌握数字创意科技前沿自主权，在前瞻性的基础研究和引领性的原创设计方面取得突破性成果；针对创新设计和数字创意技术应用基础研究，设计研发关键共性技术、前沿引领技术和装备，形成颠覆性创新；重点关注研究和开发数字创意、内容生产和版权利用这三个核心内容；研究和布局"科技＋设计＋文化"的深度融合，引领周边产业领域协调发展。最终为国家创新体系建设、强化战略科技力量提供有力支持。

我国数字创意产业的一些细分行业，如移动游戏、网络媒体等，吸引了大量的国外消费群体，在"一带一路"沿线国家建立了一定的市场优势和具有相当竞争力的分发渠道。立足于国家战略，需要加快建立"一带一路"沿线国家数字创意产业联盟，促进数字创意产业的国际合作与交流，形成"一带一路"沿线国家文化和经济领域的合作共赢。

四、打造文化产品制作技术服务平台

建设数字创意文化产品制作技术服务平台，能激发企业的数字技术创新，增加知识的外溢效应，更好地促进我国数字创意产业竞争力的提升。首先，创新研发文化产品制作技术，打造具有自主知识产权的数字创意平台，推进特效合成制

作技术、网格渲染技术、虚拟展示技术等高新技术应用于数字创意领域，突破国外势力在制作软件方面的垄断封锁，深度融合数字创意与数字科技，创新数字创意产品的生产销售方式，促进我国数字创意设计和创意内容的产品差异化竞争，以品牌促发展。其次，研究和运用现代化虚拟展览高端技术，构建高端数字创意产品展览平台，基于3D、MPR（多平面三维重建）数字技术和虚拟现实等先进的高端技术提升数字创意内容的创新和传播，以提升文化品牌的吸引力和感染力，增加数字创意产品展示和数字创意内容体验的趣味性和互动性，使得我国数字创意产业跻身世界前列，促进我国其他产业和国民经济高质量、高速发展。

第三节　基于数字创意产业竞争力环境因素的分析

数字创意产业的环境因素主要包括政府作用、法治环境和文化消费市场，是影响数字创意产业竞争力的外部主导因素。我国要发展数字创意产业，政府需要在投融资、财政、税收等政策方面加大扶持力度。法治水平、文化消费水平及政府补助对我国数字创意产业的发展有显著为正的影响。本节从完善跨部门领导小组的协调机制、完善知识产权保护机制和深化改革文化体制三个方面提供相关政策思路，为数字创意产业竞争力提升营造良好的外部环境。

一、完善跨部门领导小组的协调机制

实证分析表明，政府作用的代理变量对数字创意产业竞争力的影响显著为正。完善跨部门领导小组的协调机制，能更加充分发挥政府在投融资、财政、税收等政策方面对数字创意产业的扶持力度和效率。数字创意产业具有跨界范围广的特点，相关的跨界产业归属于多个领导部门，其产业推进需要多部门间的联动。在国家层面，各行业主管部门可成立快速部门协调领导小组，整体促进数字创意产业的发展，并定期在全国范围进行交流，总结问题、分享经验，加快推动各项工作任务取得成效。加快明确战略性新兴产业统计方法，把握国家统计局在全国开展"三新"统计工作的契机，按照国家战略性新兴产业发展规划的有关计划部署，通过地区试点的方式，分步实施推动将数字创意产业等战略性新兴产业纳入现行法定统计范围，明确数字创意产业的概念、内涵和外延，形成统一共识，充分调动各类市场主体积极投身新产业、发展新经济、培育新功能的主动性。

二、完善知识产权保护机制

数字创意产业以数字技术为核心，数字创意产业的发展依靠数字技术的突破，只有健全法治环境，保护知识产权，才能激发企业投入资金自主研发，因而完善知识产权保护机制能为我国数字创意产业竞争力提升创造良好的法治环境。数字创意产业生产的产品具有流动性强、容易被抄袭的特征，同时随着云存储技术的发展应用，数字创意产业的版权难以得到保护。为保证我国数字创意产业不被侵权，亟须健全与国际对接的知识产权法律和机制。此外，要主导国际数字创意产业版权市场，进一步创新数字创意知识产权保护制度是必要条件。美国、英国等西方国家的数字创意产业发达的一个重要原因是，其有着完善的产权保护制度和对侵权零容忍的执行力度。知识产权保护制度的健全，保障产权的所有权不受侵犯，激励数字创意产业积极进行创意内容和创新设计的研发，全面推动数字创意产业的产品和服务的高质量创新。以湖北省为例，湖北省政府健全知识产权立法建设，同时对版权侵权现象严格执法，这是近几年湖北省数字技术和网络媒介取得迅猛发展的原因所在。因此，完善知识产权保护制度，提高侵权现象的执法强度，加大产权保护执法队伍建设和社会监管力度，有助于为数字创意产业发展打造良好的法治环境。

三、深化改革文化体制

文化消费市场是影响数字创意产业竞争力的核心环境因素，深化改革文化体制可为数字创意产业竞争力的提高创造良好的文化消费市场环境，因而亟须规划适应我国数字创意产业发展的顶层设计。首先，在政策层面，深化体制机制改革，引导政府社会资金向数字创意产业发展服务、要素资源配置和产业结构调整等方向转变，调整结构，转变惠民方式，为促进数字创意产业持续稳定增长提供持续不断的动力。其次，在决策层面，建立部门间的协作决策机制和跨部门的制度管理机制，促进文化部门、科技部门、产业部门间的协同联动，提高决策效率。再次，在税收层面，为数字创意设计、数字家庭和动漫游戏制作等新兴数字创意产业制定优惠税收政策，减轻数字创意产业的税收负担。最后，在投融资机制层面，创新线上线下多渠道投融资机制，降低数字创意产业的融资成本，推行知识产权作为质押标的的担保融资模式。

第四节 应对数字创意产业全球化竞争的发展战略

在经济全球化背景下,西方发达国家在知识产权、市场、资本和制度等方面以其累积的优势,在全球传统产业价值链中一直稳占主导地位,这些国家欲在新兴的数字创意产业全球价值链中继续占领高端领地。在当前国际形势动荡的大环境下,我国应把握好机会,发展数字创意产业,提升数字创意产业的竞争力。据此,本节从国际竞争视角提出相关政策思路,为提升我国数字创意产业国际竞争力提供参考。

一、加大数字科技与金融的深度融合

促进我国数字创意产业竞争力提升需要充足的资金保障,应将资金主要用于知识产权、人才资源和版权等无形资产方面,尽可能减少不必要的固定资产支出。首先,应鼓励创新金融投融资服务,为数字创意企业积极疏通融资渠道,引导互联网金融支持数字创意产业平稳发展,降低数字创意产业的融资成本,支持数字创意行业的技术研发创新。其次,构建融合数字创意和金融创新的新机制,建立数字创意与金融融合的内部考核制度。然后,建立准确评估数字创意产业的无形资产、在研项目的合理机制,引入数字创意成果,如技术、软件版权、品牌等作为质押标的,创新数字创意产业发展过程中的投融资模式,引导数字创意产业健康有序发展,增强数字创意产业的技术创新水平和市场竞争力。最后,以财政资金投入为引导,争取银行融资资金,引进社会资本资金,形成财政资金、金融资本、社会资本等多方投入的多元融资方式,汇合集聚金融资源,扩大产业投资、生产投资规模,大力支持数字创意产业重点技术、重点产品、重点服务和重点应用的发展。

二、系统构建与发达国家相抗衡的产业竞争策略组合

通过梳理当前我国数字创意产业的现状,发现我国数字创意产业面临核心内容创意环节竞争力不足、技术开发环节势单力薄、核心分发渠道被美国掌控的弱势局面。基于此,建议从以下三个方面着力加强战略性突破。首先,从设计研发和有效管控两个方面,实施"自主+整合"双管齐下的驱动策略。一方面,要着

力提升自主设计研发能力，提高创意内容设计和产品技术研发方面的创新综合实力；另一方面，大力支持我国数字创意产业的行业龙头企业以海外兼并收购的方式，整合国际优质的数字创意与技术研发资源，带动我国其他数字创意产业的发展，形成具有国际竞争力的数字创意产业群。其次，实施"借力打力＋跨界创新"的组合策略。目前，国外数字创意公司如谷歌的 Google Play 垄断了全球智能手机移动应用分发平台，我国数字创意企业难以和它抢占国际市场份额。因此，我国数字创意企业应利用谷歌的应用商店优势推广具有自主特色的优质数字创意产品和服务，构建自身话语权的数字创意产业高端价值链。最后，实施"运营优势弥补流量不足"的替代策略。我国阿里巴巴、腾讯、百度等数字创意企业，在其发展过程中拥有丰富的用户运营和产品销售经验，在国际市场上具有较强的竞争优势。因此，我国数字创意企业需要深度挖掘本土价值链，建立自身竞争优势，选择并把握最佳战略时机。

□ **本章小结**　　　　本章在我国数字创意产业竞争力评价和影响因素的基础上，分别基于

数字创意产业的基础因素、核心因素和环境因素的理论分析结论，提出了针对性的政策思路，就我国数字创意产业如何应对日益激烈的国际竞争总结提出了对应的政策思路。科学配置先进生产要素、完善文化科技资源共享机制、建立产学研的协同创新机制和推进文化科技融合的基础设施升级，有助于提升数字创意产业的基础因素；完善创意人才培养及高端人才引进的机制、搭建数字创意产业创新平台、建设数字创意国家重点实验室及产业联盟、打造文化产品制作技术服务平台有助于提升数字创意产业的核心因素；完善跨部门领导小组的协调机制和知识产权保护机制，以及深化改革文化体制有助于提升数字创意产业的环境因素。本章提出针对性的政策思路，为提升我国数字创意产业竞争力提供了可行的路径，对提升我国数字创意产业竞争力具有重要的参考意义。

参考文献

［1］Schumpeter J A. Capitalism，Socialism and Democracy［M］. New York：Harper，1942.

［2］Solow R M. A Contribution to the Theory of Economic Growth［J］. Quarterly Journal of Economics，1956，70（1）：65-94.

［3］Swan T W. Economic Growth and Capital Accumulation［J］. Economic Record，2007，32（2）：334-361.

［4］Robert E L J. On the Mechanics of Economic Development［J］. Quantitative Macroeconomics Working Papers，1999，22（1）：3-42.

［5］Romer M，Romer P M. Endogenous Technological Change［J］. Nber Working Papers，1989，98（98）：71-102.

［6］Pilkington A，Dyerson R，Tissier O. The Electric Vehicle：Patent Data as Indicators of Technological Development［J］. World Patent Information，2002，24（1）：5-12.

［7］Beaume R，Maniak R，Midler C. Crossing Innovation and Product Projects Management：A Comparative Analysis in the Automotive Industry［J］. International Journal of Project Management，2009，27：166-174.

［8］许庆瑞，郭斌，王毅. 中国企业技术创新——基于核心能力的组合创新［J］. 管理工程学报，2000，14（B12）：1-9.

［9］魏江，许庆瑞. 企业创新能力的概念、结构、度量与评价［J］. 科学管理研究，1995（5）：50-55.

［10］意娜. 联合国《创意经济报告2013》与中国的文化产业［J］. 福建论坛（人文社会科学版），2014（10）：63-71.

［11］孙守迁，闵歙，汤永川. 数字创意产业发展现状与前景［J］. 包装工程，2019，40（12）：65-74.

［12］臧志彭. 数字创意产业全球价值链：世界格局审视与中国重构策略［J］. 中国科技论坛，2018（7）：64-73.

［13］臧志彭. 数字创意产业全球价值链重构——战略地位与中国路径［J］. 科学学研究，2018，36（5）：825-830.

［14］陈刚，宋玉玉. 数字创意产业发展研究［J］. 贵州社会科学，2019（2）：82-88.

［15］Majumdar B A. Technology Transfers and International Competitiveness：The Case of Electronic Calculators［J］. Journal of International Business Studies，1980，11（2）：103-111.

［16］Papadakis M. Did（or Does）the United States Have a Competitiveness Crisis［J］. Journal of Policy

Analysis and Management，1994，13（1）：1-20．

［17］Raab A，Pradeep K．The Efficiency of the High-tech Economy Conventional Development Indexes Versus a Performance Index［J］．Journal of Regional Science，2006，46（3）：545-561．

［18］Porter A，Newman N，Roessner J，et al．International High High Tech Competitiveness：Does China Rank Number 1?［J］．Technology Analysis & Strategic Management，2009，21（2）：173-193．

［19］Burton F．High-Tech Competitiveness［J］．Foreign Policy，1993（92）：117-118．

［20］Merchant E．The Role of Governments in a Market Economy：Future Strategies for the High-Tech Industry in America［J］．International Journal of Production Economics，1997（52）：117-131．

［21］谢章澍，朱斌．高技术产业竞争力评价指标体系的构建［J］．科研管理，2001（3）：1-6．

［22］温海峰．构建高技术产业竞争力评价体系的思考［J］．财贸研究，2004（6）：63-69．

［23］梁晓艳，李志刚，汤书昆，等．我国高技术产业的空间聚集现象研究——基于省际高技术产业产值的空间计量分析［J］．科学学研究，2007（3）：453-460．

［24］魏守华，吴贵生．区域科技资源配置效率研究［J］．科学学研究，2005（4）：467-473．

［25］王亚楠，韩润春，史宝娟．高新技术产业竞争力评价指标体系构建研究［J］．现代商业，2010（32）：130-132．

［26］秦臻，秦永和．中国高技术产业国际竞争力分析——以航空航天器制造业为例［J］．中国软科学，2007（4）：102-108．

［27］庄亚明，穆荣平，李金生．高技术产业国际竞争实力测度方法研究［J］．科学学与科学技术管理，2008（3）：137-143．

［28］孙守迁，闵歆，汤永川．数字创意产业发展现状与前景［J］．包装工程，2019，40（12）：65-74．

［29］臧志彭．数字创意产业全球价值链重构——战略地位与中国路径［J］．科学学研究，2018，36（5）：825-830．

［30］臧志彭．数字创意产业全球价值链：世界格局审视与中国重构策略［J］．中国科技论坛，2018（7）：64-73．

［31］Porter M E．Competitive Strategy：Techniques for Analyzing Industries and Competitors［M］．New York：Free Press，1980．

［32］Padmore T，Gibson H．Modeling Systems of the Innovation：A Framework for Industrial Cluster Analysis in Region［J］．Research Policy，1998（6）：625-641．

［33］Chakrabarti A K．Competition in High Technology：Analysis of Patents of US，Japan，UK，France，West Germany and Canada［J］．Engineering Management，1991（1）：78-84．

［34］Reis T．Spillovers and the Competitive Pressure for Long-Run Innovation［J］．European Economic Review，2007（5）：1-22．

［35］孙冰冰，林婷婷．我国高技术产业竞争力与技术创新的关系研究［J］．中国科技论坛，2012（1）：23-29．

[36] 封伟毅，李建华，赵树宽. 技术创新对高技术产业竞争力的影响——基于中国 1995—2010 年数据的实证分析 [J]. 中国软科学，2012（9）：154-164.

[37] 徐光瑞. 中国高技术产业集聚与产业竞争力——基于 5 大行业的灰色关联分析 [J]. 中国科技论坛，2010（8）：47-52.

[38] 郑亚莉，宋慧. 中国知识产权保护对高技术产业竞争力影响的实证研究 [J]. 中国软科学，2012（2）：147 -155.

[39] 赖红波，施浩. 技术产出弹性、两阶段创新效率与高技术产业竞争力研究 [J]. 科技进步与对策，2020，4：1-9.

[40] 孙守迁.《数字创意产业发展现状与前景》序言 [J]. 包装工程，2019，40（12）：2.

[41] 黄江杰，汤永川，孙守迁. 我国数字创意产业发展现状及创新方向 [J]. 中国工程科学，2020，4：1-8.

[42] 邹宁，张克俊，孙守迁，等. 城市设计竞争力评价体系研究 [J]. 中国工程科学，2017，19（3）：111-116.

[43]"创新设计竞争力研究"综合组. 创新设计竞争力战略研究 [J]. 中国工程科学，2017，19（3）：100-110.

[44] 毕小青，王代丽. 基于"钻石模型"的文化产业竞争力评价方法探析 [J]. 华北电力大学学报（社会科学版），2009（3）：54-58.

[45] 蔡昉，王德文，王美艳. 工业竞争力与比较优势——WTO 框架下提高我国工业竞争力的方向 [J]. 管理世界，2003（2）：58-63，70.

[46] 柴欣，郁珅菊. 互联网视域下数字创意产业内容研究 [J]. 中国报业，2018（16）：65-66.

[47] 常琳颖. 浅析数字媒体在文化创意产业中的应用与研究 [J]. 新闻研究导刊，2018，9（4）：33-35.

[48] 陈忱. 中国民族文化产业的现状与未来——走出去战略 [M]. 北京：国际文化出版公司，2006.

[49] 陈端，聂玥煜，张涵，等. 英美日数字创意产业发展差异 [J]. 经济，2019（6）：102-106.

[50] 陈刚，宋玉玉. 数字创意产业发展研究 [J]. 贵州社会科学，2019（2）：82-88.

[51] 陈刚，王苗，潘洪亮. 数字服务化企业的特点与模式研究 [J]. 武汉大学学报（人文科学版），2018（1）：90-97.

[52] 陈洪，张静，孙慧轩，等. 数字创意产业：实现从无到有的突破 [J]. 中国战略新兴产业，2017（1）：45-47.

[53] 陈少峰. 文化产业融合发展的趋势与模式 [J]. 人文天下，2017（12）：2-6.

[54] 陈颖. 文化创意产业化融合的路径、障碍与对策 [J]. 深圳大学学报（人文社会科学版），2018，35（2）：48-52.

[55] 丁文华. 中国数字创意产业的发展——在 BIRTV2017 主题报告会上的演讲 [J]. 现代电视技术，2017（9）：26-27.

［56］董平，史占中．融资模式对文化产业发展影响的实证研究——以文化类上市公司为例［J］．管理现代化，2017，37（1）：5-8．

［57］杜德斌，盛垒．创意产业：现代服务业新的增长点［J］．经济导刊，2005（8）：78-82．

［58］范恒山．加快发展数字创意产业培育壮大新动能［J］．宏观经济管理，2017（10）：9-11．

［59］范玉刚．新时代数字文化产业的发展趋势、问题与未来瞩望［J］．中原文化研究，2019，7（1）：69-76．

［60］范玉刚．新时代文化产业发展趋势探究［J］．艺术百家，2018（2）：90-98．

［61］范周．从三个方面解读数字文化产业发展新思路［J］．人文天下，2017（9）：22-26．

［62］费瑞波．文化科技融合创新关键影响因素的实证分析［J］．统计与决策，2017（9）：109-112．

［63］冯子标，焦斌龙．大趋势：文化产业解构传统产业［M］．北京：社科文献出版社，2006．

［64］傅昌銮，潘伟康．数字化迭代与融合推动文化产业高质量发展［N］．中国社会科学报，2018-12-28（9）．

［65］高汝熹，纪云涛，陈志洪．技术链与产业选择的系统分析［J］．研究与发展管理，2006（6）：95-101．

［66］谷春燕．从传统创意到数字创意：图书馆文创工作的发展转向［J］．图书与情报，2018（6）：101-105．

［67］郭辉勤．创意经济学［M］．重庆：重庆出版社，2007．

［68］郭亚军．综合评价理论、方法及应用［M］．北京：科学出版社，2007．

［69］国家统计局．2017中国科技统计年鉴［M］．北京：中国统计出版社，2017．

［70］韩若冰．数字文化创意与动漫文化产业的生态化发展［J］．济南大学学报（社会科学版），2018，28（4）：151-156，160．

［71］何莹，吴菲．互联网思维下的产业创新发展：从文化工业到文化产业［J］．理论界，2016（6）：94-100．

［72］胡巾煌．数字创意产业背景下影视创意的发展方向［J］．新媒体研究，2018，4（6）：65-67．

［73］胡树华，兰飞．产业评价的"三力"模型分析［J］．工业技术经济，2009（4）：73-74．

［74］胡树华，李增辉，牟仁燕，等．产业"三力"评价模型与应用［J］．中国软科学，2012（5）：40-47．

［75］花建，巫志南，郭洁敏，等．文化产业竞争力［M］．广州：广东人民出版社，2006．

［76］花建．"一带一路"战略与提升中国文化产业国际竞争力研究［J］．同济大学学报（社会科学版），2016（5）：30-39．

［77］花建．文化产业竞争力的内涵、结构和战略重点［J］．北京大学学报（哲学社会科学版），2005（2）：9-16．

［78］黄芳芳．数字创意产业攻关期［J］．经济，2019（3）：92-96．

［79］黄先海．中国制造业贸易竞争力的测度与分析［J］．国际贸易问题，2006（5）：12-16．

[80] 姜剑云，孙耀庆．韩国文化产业研究综述 [J]．当代韩国，2016（2）：124-131．

[81] 蒋三庚．文化创意产业研究 [M]．北京：首都经贸大学出版社，2006．

[82] 金碚．产业国际竞争力研究 [J]．经济研究，1996（11）：39-44．

[83] 金碚．竞争力经济学 [M]．广州：广东经济出版社，2003．

[84] 金元浦．创意产业的全球勃兴 [J]．社会观察，2005（2）：22-24．

[85] 凯夫斯·理查德．创意产业经济学：艺术的商业之道 [M]．北京：新华出版社，2004．

[86] 郎立永．市场经济背景下数字媒体在文化创意产业发展中的发展策略研究 [J]．品牌（下半月），2015（9）：102．

[87] 雷光华．关于提升我国文化产业国际竞争力的思考 [J]．湖南社会科学，2004（1）：177-180．

[88] 雷原，赵倩，朱贻宁．我国文化创意产业效率分析——基于 68 家上市公司的实证研究 [J]．当代经济科学，2015，37（2）：89-96．

[89] 李春影．中国文化产业经济增长影响因素的实证研究 [J]．时代金融，2016（15）：30-31．

[90] 李凤亮，单羽．数字创意时代文化消费的未来 [J]．福建论坛（人文社会科学版），2018（6）：44-49．

[91] 李陵，田少煦．珠江三角洲数字创意产业的发展走向[J].湖南师范大学社会科学学报，2011,40(3)：91-94．

[92] 李荣．产业综合实力评价及 500 强的实证研究 [D]．武汉：武汉理工大学，2008．

[93] 李思屈．中国数字娱乐产业发展战略研究 [M]．北京：社会科学文献出版社，2007．

[94] 李思屈．数字娱乐产业 [M]．成都：四川大学出版社，2006．

[95] 李显君．产业价值转移与企业竞争优势 [J]．数量经济技术经济研究，2003（2）：77-80．

[96] 李宪奇．论当代中国文化产业生态的重构 [J]．中国文化产业评论，2005，3（00）：142-152．

[97] 李宜春．省域文化产业竞争力评价指标体系初探——以安徽省为例 [J]．经济社会体制比较，2006（2）：99-103．

[98] 李宇红，白庆祥．文化创意经典案例教程 [M]．北京：中国经济出版社，2008．

[99] 厉无畏，王慧敏．创意产业促进经济增长方式转变——机理 - 模式 - 路径 [J]．中国工业经济，2006（11）：5-13．

[100] 厉无畏．创意产业导论 [M]．上海：学林出版社，2006．

[101] 梁漱溟．东西文化及其哲学 [M]．北京：商务印书馆，2003．

[102] 林环．欧美国家数字内容产业发展政策模式比较 [J]．中国出版，2018（6）：63-66．

[103] 林拓，李惠斌，薛晓源．世界文化产业发展前沿报告 [M]．北京：社会科学文献出版社，2004．

[104] 林熠．论中国文化产业的可持续发展：打造核心竞争力——中国文化产业竞争力评价理论研究 [J]．天津行政学院学报，2003，5（3）：68-72．

[105] 刘蕾．加快构筑北京数字创意产业专利防护网络 [J]．中国发展观察，2018（21）：60-61．

[106] 刘庆振．"互联网 +"风口下的内容产业转型 [J]．新产经，2016（8）：68-70．

[107] 刘懿萱. 在变革中发展的数字创意产业 [J]. 群言, 2017 (7): 10-13.

[108] 刘拥军, 葛美玲. 城镇居民收入对文化消费支出的影响——基于门限模型和分位数回归 [J]. 商业经济研究, 2017 (16): 40-42.

[109] 刘玉珠. 政府在发展文化创意产业中的作用 [J]. 求是, 2008 (8): 45-46.

[110] 龙应台. 文化是什么 [N]. 中国青年报, 2017-10-21 (4).

[111] 路甬祥. 论创新设计 [M]. 北京: 中国科学技术出版社, 2017.

[112] 罗守贵, 方文中. 基于价值链的文化产业效率影响因素研究——来自上海文化企业的实证 [J]. 福建行政学院学报, 2016 (5): 84-94.

[113] 迈克尔·波特. 国家竞争优势 [M]. 北京: 华夏出版社, 2002.

[114] 毛日昇. 中国制造业贸易竞争力及其决定因素分析 [J]. 管理世界, 2006 (8): 65-75.

[115] 孟宇. 数字创意产业发展探析 [J]. 西北广播电视, 2017 (22): 17.

[116] 莫远明, 黄江华. AI+IP+TT视野下的数字出版融合发展研究 [J]. 出版广角, 2018 (1): 23-25.

[117] 倪鹏飞, 马尔科·卡米亚, 王海波, 等. 全球城市竞争力报告 2017—2018: 房价改变城市世界 [M]. 北京: 中国社会科学出版社, 2017.

[118] 欧阳友权, 吴钊. "互联网+" 与中国文化产业 [J]. 求索, 2016 (4): 12-16.

[119] 潘道远, 李凤亮. 区块链与文化产业——数字经济的新实践趋势 [J]. 文化产业研究, 2018 (3): 1-13.

[120] 齐勇锋. 文化产业竞争力评价和文化体制改革 [C] // 北京大学文化产业研究院. 北大文化产业前沿报告: 2 辑. 北京: 北京大学出版社, 2005.

[121] 祁述裕, 殷国俊. 中国文化产业国际竞争力评价和若干建议 [J]. 国家行政学院学报, 2005 (2): 50-53.

[122] 秦琳贵, 王青. 基于面板分位数回归的我国文化产业消费影响因素分析 [J]. 商业经济研究, 2016 (20): 34-37.

[123] 阮南燕, 顾江. 基于全球价值链的我国电影产业升级研究 [J]. 江淮论坛, 2010 (1): 30-35.

[124] 国家信息中心战略性新兴产业研究组. 数字创意产业成为发展新风口五大特征显现 [J]. 中国战略新兴产业, 2016 (21): 82-83.

[125] 王博, 张刚. 中国数字创意产业发展研究——基于产业链视角 [J]. 中国物价, 2018 (3): 25-27.

[126] 王红梅, 李代民, 孙莹, 等. 我国数字创意产业发展的制约因素分析——基于钻石模型视角 [J]. 福建论坛 (人文社会科学版), 2010 (4): 100-103.

[127] 王岚, 赵国杰. 中国地区文化产业竞争力评价模型的构建 [J]. 天津大学学报 (社会科学版), 2009, 11 (1): 14-17.

[128] 王颖. 全球化背景下中国文化产业竞争力研究 [D]. 长春: 吉林大学, 2007.

[129] 王振中. 中国数字创意产业发展情况综述 [J]. 现代电视技术, 2018 (5): 92-95.

[130] 魏后凯, 吴利学. 中国地区工业竞争力评价 [J]. 中国工业经济, 2002 (11): 54-62.

[131] 魏暄. 探讨数字媒体艺术设计在城市文化创意产业中的应用现状 [J]. 科技资讯, 2019, 17 (13): 204-205.

[132] 吴玉鸣. 中国区域工业竞争力的因子分析及非均衡差异研究 [J]. 华东师范大学学报 (哲学社会科学版), 2003, 35 (3): 113-119.

[133] 夏光富, 刘应海. 数字创意产业的特征分析 [J]. 当代传播, 2010 (3): 70-71, 75.

[134] 谢伦灿. 提升我国文化产业统计的准确性与科学性 [J]. 学术交流, 2009 (12): 235-237.

[135] 谢兆岗, 李志, 回俊青, 等. 双创视域下高职院校数字创意人才培养探究——以游戏设计专业为例 [J]. 广东水利电力职业技术学院学报, 2018, 16 (4): 39-43.

[136] 徐萍. 陕西文化产业竞争力评价与分析 [J]. 统计与信息论坛, 2006, 21 (3): 77-80.

[137] 薛晓源, 曹荣湘. 全球化与文化资本 [M]. 北京: 社会科学文献出版社, 2005.

[138] 杨小伟. 数字中国建设发展报告 [M]. 北京: 国家互联网信息办公室, 2017.

[139] 叶丽君, 李琳. 我国区域文化产业竞争力评价与差异分析 [J]. 科技管理研究, 2009, 29 (3): 94-97.

[140] 于璐. 探讨数字媒体艺术影响下文化创意产业发展 [J]. 电脑迷, 2018 (28): 220.

[141] 余从刚, 赵江洪. 数据驱动的两种产品设计模式 [J]. 包装工程, 2016 (4): 112-115.

[142] 袁勇, 王飞跃. 区块链技术发展现状与展望 [J]. 自动化学报, 2016, 42 (4): 481-494.

[143] 苑可昕. 数字媒体在城市文化创意产业中的应用 [J]. 中国传媒科技, 2018 (6): 121-122.

[144] 约瑟夫·熊彼特. 经济发展理论 [M]. 北京: 华夏出版社, 2015.

[145] 臧志彭. 数字创意产业全球价值链: 世界格局审视与中国重构策略 [J]. 中国科技论坛, 2018 (7): 64-73.

[146] 弗·杰姆逊. 后现代主义与文化理论 [M]. 唐小兵, 译. 西安: 陕西师范大学出版社, 1986.

[147] 张岱年, 程宜山. 中国文化与文化论争 [M]. 北京: 中国人民大学出版社, 1997.

[148] 张洁. 中国文化创意产业的空间分布和地区绩效分析 [J]. 商业经济与管理, 2011 (2): 64-70.

[149] 张金昌. 国际竞争力评价的理论和方法研究 [D]. 北京: 中国社会科学院大学, 2001.

[150] 张京成. 中国创意产业发展报告 2017 [M]. 北京: 社会经济出版社, 2017.

[151] 张奎, 张春河. "文化+互联网"语境下我国文化产业融合发展路径探究 [J]. 出版广角, 2019 (10): 13-16.

[152] 张小蒂, 孙景蔚. 基于垂直专业化分工的中国产业国际竞争力分析 [J]. 世界经济, 2006 (5): 12-21.

[153] 张晓明. 文化产业的新形势新思路新战略 [J]. 人民论坛, 2017 (S2): 96-97.

[154] 张泽一. 产业政策对产业竞争力效应的分析 [J]. 广西社会科学, 2009 (5): 57-61.

[155] 张振翼, 陈洪, 张静, 等. 数字创意产业: 内容是核心动力 没有硬件的内容是纸上谈兵 [J].

中国战略新兴产业，2018（33）：67-69.

[156] 赵继新，郑强国，孙可扬. 区域文化创意产业竞争力比较研究——以北京与上海为例［J］. 经济研究导刊，2014（27）：53-57.

[157] 欧阳有旺. 中国文化产业的比较优势和国际化竞争战略［C］∥全国经济地理研究会. 北大文化产业前沿报告：2辑. 北京：北京大学出版社，2005：252-259.

[158] 赵倩，杨秀云，雷原，等. 我国文化创意产业技术效率：行业差异及影响因素研究［J］. 经济问题探索，2015（11）：88-97.

[159] 赵彦云. 中国产业竞争力研究［M］. 北京：经济科学出版社，2009.

[160] 郑自立. 中国数字文化产业发展的实践考察与对策建议［J］. 宝鸡文理学院学报（社会科学版），2018，38（4）：80-85.

[161] 智研咨询. 2017—2022年中国文化创意市场发展前景预测及投资战略研究报告［M］. 北京：智研咨询集团，2016.

[162] 中国工程科技发展战略研究院.中国数字创意产业发展现状、机遇与挑战[J].科技中国,2017(4)：29-37.

[163] 中国工程科技发展战略研究院. 2019中国战略性新兴产业发展报告［M］. 北京：科学出版社，2018.

[164] 2018年中国战略性新兴产业展望［J］. 高科技与产业化，2018（1）：12-17.

[165] 中维辰. 评价文化：文化资源评估与文化产业评价研究［M］. 太原：山西教育出版社，2004.

[166] 周建新，胡鹏林. 中国文化产业研究2017年度学术报告［J］. 深圳大学学报（人文社会科学版），2018，35（1）：42-57.

[167] 周莉华. 试论新的经济增长点创意产业［J］. 南方经济，2005（1）：63-64.

[168] 周晓宏，汪琨. 基于生态系统视角的数字创意产业高质量发展研究［J］. 中国管理信息化，2019，22（5）：145-147.

[169] 朱一青,谢华斌. 我国数字文化产业之发展障碍与路径选择[J].绍兴文理学院学报,2019,39(3)：112-120.

[170] 邹广文，徐庆文. 全球化与中国文化产业发展［M］. 北京：中央编译局，2006.

[171] 特里·弗卢，卢嘉杰. 数字社交媒体与文化创意产业［J］. 深圳大学学报（人文社会科学版），2018，35（1）：64-71.

[172] 倪红福，龚六堂，夏杰长. 生产分割的演进路径及其影响因素——基于生产阶段数的考察［J］. 管理世界，2016（4）：10-23.

[173] 高翔，黄建忠，袁凯华. 价值链嵌入位置与出口国内增加值率［J］. 数量经济技术经济研究，2019，36（6）：41-61.

[174] 耿晔强，白力芳. 人力资本结构高级化、研发强度与制造业全球价值链升级［J］. 世界经济研究，2019（8）：88-102，136.

［175］刘亮，刘军，李廉水，等．智能化发展能促进中国全球价值链攀升吗？［J］．科学学研究，2020
（8）：1-15.

［176］徐金海，夏杰长．全球价值链视角的数字贸易发展：战略定位与中国路径［J］．改革，2020（5）：
58-67.

［177］詹晓宁，欧阳永福．数字经济下全球投资的新趋势与中国利用外资的新战略［J］．管理世界，
2018（3）：78-86.

［178］郑江淮，郑玉．新兴经济大国中间产品创新驱动全球价值链攀升——基于中国经验的解释［J］．
中国工业经济，2020（5）：61-79.

［179］Alan M R，D'Cruz J R．The Double Diamond Model of International Competitiveness：The
Canadian Experience［J］．Management International Review，1993，33（2）：17-39.

［180］Chaudhry P. The Looming Shadow of Illicit Trade on the Internet［J］. Business Horizons，2017，60（1）：
77-89.

［181］Gonzalez R，Llopis J，Gasco J．Social Networks in Cultural Industries［J］．Journal of Business
Research，2015，68（4）：823-828.

［182］Howkins J．The Creative Economy：How People Make Money from Ideas［M］．London：Allen
Lane，2001.

［183］Lee J，Gereffi G．Global Value Chains，Rising Power Firms and Economic and Social Upgrading［J］.
Critical Perspectives on International Business，2015（7）：319-341.

［184］Macdermott R，Mornah D．The Effects of Cultural Differences on Bilateral Trade Patterns［J］.
Global Economy Journal，2016（4）：637-668.

［185］Porter M E．The Competitive Advantage of Nations［M］．New York：Free Press，1990.

［186］Moses L．The Washington Post's Robot Reporter Has Published 850 Articles in the Past Year［R］.
2017.

［187］Florida R．The Rise of Creative Class［M］．New York：Basic，2002.

［188］Rodrik D．What's So Special about China's Exports？［Z］．NBER Working Paper Series，2006.

［189］Siggel E．India's Trade Policy Reforms and Industry Competitiveness in the 1980s［J］．The World
Economy，2001，24（2）：159-183.

［190］Tyler E B．The Origins of Culture［M］．New York：Harper and Brothers Publishers，1958.

［191］Volintiru C，Miron D．Business Environment and Creative Industries in Romania［J］．Amfiteatru
Economic，2015.

［192］Kummritz V D，Taglioni D．Winkler，Economic Upgrading through Global Value Chain
Participation：Which Policies Increasethe Value Added Gains？［J］．World Bank Policy Research
Working Paper，2017.

［193］Duranton G，Puga D．From Sectoral to Functional Urban Specialization［J］．Urban Economics，

2015，57：343-370.

［194］Hausmann R，Hwang J，Schott D. What You Export Matters ［J］. Journal of Economic Growth，
2007，12（1）：1-25.

［195］Zhang H，Yang X. Intellectual Property Rights and Export Sophistication ［J］. Journal of
International Commerce，Economics and Policy，2016，7（3）：1-19.

［196］Andreoni A，Anzolin G. A Revolution in the Making? Challenges and Opportunities of Digital Production
Technologies for Developing Countries ［R］//United Nations Industrial Development Organization.
Background Paper Prepared for the Industrial Development Report 2020. Vienna，2019.

［197］Baldwin R E. The Great Convergence：Information Technology and the new Globalization ［M］.
Cambridge，Mass：The Belknap Press of Harvard University Press，2016.

［198］Cedricd G M. The Profit -Investment Nexus in An Era of Financialisation，Globalization and
Monopolization：A Profit-centered Perspective ［J］. Review of Political Economy，2018，30（2）：
126-153.